用自主學習來翻轉教育！

沒有課表、沒有分數的瑟谷學校

丹尼爾・格林伯格 Daniel Greenberg／著
丁凡、財團法人兒童教育實驗文教基金會／譯

Free at Last
The Sudbury Valley School

目錄
Contents

PART 2

自在生活

推薦序

以自由、尊重、責任、支持，成就每個孩子的學校

文／陳清枝

多年前讀過《瑟谷傳奇》（二〇〇七年，遠流發行）這本書，多年後再重讀，感受特別深刻。四十年來，我從體制內的教師，到自己創辦體制外的學校，再進入公辦民營的人文國民中小學，對於教育方式之於孩子的重要性有深刻理解。

讀完整本書令我真正了解：瑟谷是一個傳奇，不是故事。從一九六八年創立到今天，將近五十年，還能夠屹立不搖、傳播它自由教育的理念。沒有政府的補助，以四萬美元創校；頭一年，十二位老師願意不支薪工作，撐起學校的經營，真是教育界的傳奇啊！

本書以「自由、尊重、責任和支持」編寫成三十六篇短文，輕鬆易讀，不是一般教育理論或教養叢書，而是實際發生在瑟谷的故事。每一篇都讓人驚嘆！令人感動和引發省思。

到底我們要如何教孩子？瑟谷堅持「等待」，其精神正如老子的無為而治、順其自然，而非儒家的教導，法家的規範。瑟谷尊重每個孩子，傾聽孩子的聲音，不強迫、不干預，學校只是提供一個安全、溫暖、支持、鼓勵的環境。

等到孩子想學習，想為自己的人生找出路了，瑟谷的老師才從旁引導學生，而不是規定幾年級的孩子該學什麼？每天該做什麼？一切交給孩子自己決定——瑟谷的教育理念來自亞里斯多德「人類天生好奇」的哲學基礎。

瑟谷相信，孩子透過天生的好奇心，會有一套自己的學習速度與需求，而不是跟著大人或學者所規劃出來的內容和進度去學習——畢竟，每一個孩子都是不一樣的，我們不該、也不能，用成人的思維去規範孩子。

「天生的好奇心，會是學習過程中最好的驅動力；孩子們會因為好奇心，主動探索周遭的一切」，丹尼爾校長如是說。於是，瑟谷的每一個孩子都能以自己的速度，自己的時間表，自己的方式，學到數學、閱讀、語文等能力。

丹尼爾認為，一個人主動認真學習來的東西，在他的生命中才有意義。為了達到這樣的目標，故捨棄了任何形式的課程安排，老師只是被動地等待孩子來學習。瑟谷要孩子們對自己的學習負起責任，而不是聽從大人的安排。

採用混齡學習，沒有上下課鐘聲，沒有考試，沒有課本，也是目前人文國民中小學正在做的事。人文和瑟谷的目標同樣都是：不希望孩子的學習受到限制，提供多元的學習，讓孩子自己選擇，發現自己的天賦、潛能和人生目標。但是這樣的作為，其實不大能被大多數的家長接受。

家長希望孩子快樂學習，快樂成長，但仍無法擺脫過去學習的觀念和方式，總要孩子學些什麼，或是上些大人們認為重要的課程。很多家長因為聽到一些不錯的觀念，就一窩蜂地把孩子送到像瑟谷、人文這樣的學校，最後卻因為無法等待，也無法接受學校給孩子的自由和選擇，最後失望地離開。這也是家長需要深思熟慮的地方——必須清楚這個學校的理念和方法，而且願意相信和配合。

經過這麼多年的實踐，瑟谷造就出許多人才，但為什麼瑟谷依然還是一、二百名學生的小型學校？人文經營了十三年，也才三百多名學生。這就是體制外教育的迷失，無法複製也無法提供給更多的人，就像手工打造的個人化商品，只有唯一，沒有全部。

畢竟，教育不是商品，每個孩子也都不一樣，無法大量複製，但卻可以造就獨特、有創意的個體。我們的社會需要不同的人才，這些體制外學校所培養出的獨特、有創意的個體，正是社會所需要的。

追求教育多元化，是我當初辭去教職、追尋理想學校的主因；我也深信孩子不同，不能用同樣的教材和進度來教學。現今的夏山、瑟谷、華德福、森小、種子、雅歌、人文，都在努力為教育的園地綻放五彩繽紛、美麗的花朵。

瑟谷將真正的自由落實在學生身上，相信孩子有自己成長的速度和目標，不需要大人的干涉和指導，就像孩子與生俱來就自己會走路、說話，不需要父母、專家、學者的指導，家長、老師應當要信任孩子。

本書中，還有責任和公民的養成說明。例如設立校務會議決定學校的大小事，學生法庭和各種委員會來讓孩子學會負責任。這當中最重要的精神就是人人平等，在每一次的表決機會中，每一個大人和小孩都有同樣的權利和義務。

師徒制的設立也很重要！當孩子想追求某種專業能力的時候，學校必須提供可以指導的老師，如果校內沒有，那就要對外尋求專家的指導——這樣的學習，當然也是以孩子的真實意願為前提。

在人文的經驗裡，我們也培養出許多專業人才：拍攝紀錄片的導演、種植有機米的農夫、麵包師傅、廚師、程式設計師，這些人才都是要靠師徒制培養出來的。孩子在發現自己的興趣和潛能後，去尋找可以學習的老師，甚至也可以靠自己摸索、進修。

工業革命之後所設立的公立學校，為了培養大量的勞動者，所以必須有普遍、大量的教學和學校，這的確為社會創造出無限的進步和產值。但時至今日，漸漸有人意識到人非機器或產品，用同樣教學內容大量複製，會產生許多失敗和學習困難的案例。為了讓每個孩子都能夠發揮天賦潛能、有所成就，我們必須打破學習的框架，否則就會如丹尼爾所說：「現代學校教的越多，學生受的傷害越深。」渴望成就每一個孩子，就必須採用個別不同的教育方式。

我們閱讀瑟谷的經驗，目的不是複製一樣的方式，而是要能夠建立一套適合自己國家、社會風格的教育方式，這也正是人文國民中小學所追求的，要創建一所在地化的理想學校。不論教學方式如何創新和變化，最終目標就是要讓每一個在這裡的孩子能夠認識自己，在進入社會之後有能力獨立生存——這是瑟谷和每一所理想學校的辦學目的，期盼孩子長大後能夠成為負責任的公民。

感謝出版社，給我這個機會介紹瑟谷。看著一間努力了近半世紀的學校，如何為教育努力，也讓老師和家長們有機會去省思和理解：真正美好的教育方式是如何？為了我們的下一代，我們該如何共同努力？

關於陳清枝：

曾在體制內教過十三年書，擔任教師、主任、省縣輔導團國語科輔導員。一九八四年創設宜蘭森小，一九八九年辭去教職，專心投入體制外辦學。一九九九年因龐大負債，結束宜蘭森小經營。

二〇〇三年，與楊文貴教授接辦宜蘭縣公辦民營人文國小，擔任副校長。二〇〇七年因車禍離職，休息七年後，於二〇一四年再回人文，擔任教師、研發主任。二〇一五年擔任人文展賦教育基金會執行長。

陳清枝相信：只要找到正確的學習方式，每個孩子都是有用之才。教育沒有好壞、對錯，只有適不適合你的孩子。為了孩子，用畢生的生命與時間，創造孩子學習的樂園，這是陳清枝的志願。

導讀

找回孩子的快樂童年與學習熱忱：我讓孩子就讀自主學習學校

文／陳安儀

二〇一四年，為了讓孩子轉到體制外學校「人文實驗中小學」就讀，我們一家「島內移民」到宜蘭，至今已經兩年整。

說實話，在參觀「人文實驗中小學」之前，我對體制外學校的了解有限。除了多年前讀過英國的《夏山學校》、看過「種籽實小」創校人李雅卿的著作《成長戰爭》之外，只很片段的聽朋友敘述過一些汐止「森林小學」的狀況。我從未想過要帶著孩子就讀體制外學校，更別說去了解何謂「自主學習」與「適性教育」。

只是，自己從小到大，由傳統學校一路走來，雖然念的都是名校，但卻常常百思不得其解：

「為什麼我要花那麼多寶貴的青春死背教科書？準備考試？」

「讀高中、考大學、找份好工作、賺錢養家……，人生的目的難道就是這樣？」

「為什麼我不能夠自由自在、讀自己喜歡的書？」

「為什麼我明明這麼喜歡閱讀，父母、老師卻總是認為我『不用功』？」

「為什麼我要痛苦的學習那些明明就對我沒用的東西？」

我在日記裡吶喊、在週記裡質疑，我跟輔導室的老師抗議我不要這樣的人生……，但是換來的不是一頓責罵，就是「你長大就會知道！」「人生就是這樣。」「學生念書就是本份！」這類的答案。

大學畢業後，我很開心我的人生變成彩色，我終於不用再面對任何考試，熱力十足的在所有我感興趣的事物上努力。我仍然喜歡學習，也從不放棄學習，只是我開始對傳統的「教育」產生了質疑：強迫式的教育，到底是幫助了我，還是扼殺了我？制式化地要求孩子在某個年紀學某些東西、以特定的方法與速度去學習所謂「重要」的學科，到底是正確的？還是毫無意義的？

因為新聞工作，我得以採訪許多功成名就的各界菁英；在生活中，我也遇到不少雖不富有、但是活得有滋有味的「達人」。我發現，很多成功人士的學歷並不一定起眼，而更多的專家，其實「所長」更非「學校所學」。於是，我逐漸對現行傳統教育產生了質疑：花費了這麼大把的時間待在學校裡念書，我們到底學到了些什麼？我們學的，真的是我們要的嗎？

等我有了孩子，我天真的以為，即便就讀傳統學校，只要我不勉強他們、壓迫他們，他們應該也可以快快樂樂的學習。事實上，我錯了。

在台灣，國中教育仍然以考試為中心；而讀書，仍然只是為了升學。在強大的升學壓力之下，我眼看孩子又要重蹈我年少的覆轍，無止盡的虛擲光陰在數不清的考試上，於是，我毅然決定帶著孩子離開，尋找一個可以「自主學習」的地方。

孩子轉到「人文實驗中小」兩年了，閱讀這本「瑟谷經驗」的自主學習內容，對我來說毫不陌生。因為書中作者的所有的經驗，我都從兩個孩子以及其他學生的身上一一印證。

比方說，在〈堅持度〉這一章裡，作者提到，大部分的大人都以為，如果沒有上下課、沒有課綱，孩子不會主動學習、不會有堅持度。事實上剛好相反：每個孩子都會找到一樣、兩樣，甚至許多樣興趣，無休無止地埋頭苦幹。

作者的說法我完全同意！

女兒剛到「人文」時，有一群對學校沒有信心的家長，語帶譏諷的在背後說我女兒天天都在學校看漫畫。沒錯，她那段時間非常著迷於動漫：在學校看、家裡看，還號召同學成立動漫社，自己擔任社長。她花費許多時間將所喜歡的漫畫整理出大綱、還在臉書上狂熱的比較兩部漫畫的不同；她不停的畫、不停的寫，不眠不休，將所有的零用錢都拿去買動畫書、厚厚的畫本和畫筆。或許，在某些家長眼中，這是浪費時間，不算是學習，但是，我卻看見她日夜不停地創作，不但累積了驚人的作品，也鍛鍊出洗鍊的文字能力。

去年底，她決定不選擇直升「人文」的行動高中，而要報考某間高職的設計科。在沒有任何的外力引導之下，她毅然開始準備考試。不知打哪裡借來了教科書、參考書，女兒開始自己擬定進度，自修學科，遇到不會的內容就去問老師，或是問我。我看著她埋頭苦幹，每天放學回家念書超過五個小時，連吃飯的時候都一邊做著習題，心中非常佩服。這一切，全都出自於「自主」，沒有任何人強迫她。

「自主學習」的孩子，不光只是我女兒。連續兩年，我應邀在人文擔任一些孩子的「寫作教師」。那些自己選課修的孩子，不但從不缺席，而且交出完美的習作，甚至有一次，我怕耽誤他們的下課時間，把講了一半的內容就此打住，他們還追著我一定要我把內容講完才能走！剛開始我簡直不敢相信，在一個如此自由的學校，孩子竟然有這麼強的學習力！

瑟谷的理念：「人類天生好奇，好奇心是學習最好的驅動力。」作者也提到，在瑟谷，他們讓孩子自己決定什麼時間開始學習閱讀。這一點我在「人文」也親眼印證。前年，在剛開始接下寫作老師一職時，我很驚訝地發現，我的班上竟然有個七年級的孩子，很多字都不會寫！當下，我很替他焦慮，向學校反映了這件事。然而，更令我訝異的還在後面。今年度，我又遇到了這個學生。當他第一篇習作交上來時，我嚇了一跳！咦！這是怎麼回事？他交上來的習作雖然字體不甚美觀，不過，讀、寫顯然已經沒有問題，可以達到「表情達意」的程度了！

詢問學校總導師，老師才告訴我，因為孩子想要參加某些活動，因此激發了自主學習的動力，就在短短的一年內，他竟然有了一百八十度的大轉變！足可見，無論數學、語文、史地、科學，只要孩子願意學，都可以在最短的時間內學會，不用花上六年、九年，甚至不一定需要老師教！而我們做大人的，確實只需要從旁協助，給予適當的引導或書籍，孩子自然會依照他的天賦、需求去發展。

至於「混齡」與「時間表」，作者說：「天才都具有完全的專注力，往往不會留意時間的流逝。而每一個人都有獨特的才能，專注的潛力，需要暫時忘掉外在的時間步調，傾聽我們生命中自然產生的韻律。」我也非常贊同。每次，看到一群年齡大小不一的孩子，各自安靜的在某個角落，專心做著自己手邊的工作時，我總是非常感動。無論是做手工、練琴、敲敲打打，或是學做木工、烹飪，沒有人抬頭望向時鐘，因為「學校給我時間，讓我找到自己，這是最重要的」。

最後，我格外要提的是，作者在本書中提到，「有人認為，如果你讓孩子自己選擇，他們一定會選擇比較輕鬆的一條路——事實上，孩子們通常會選擇比較困難的一條路。」真的！這一點，我完全贊同！我常常覺得，孩子比我們想像的更勇於接受挑戰——每一次，我作文課班上的孩子，在比較簡單的造句、和比較困難的「短文習作」二擇一時，百分之八十都選擇挑戰比較難的作業！第一次跟著我實習的老師看了非常驚訝，而我卻早就見怪不怪。在我十餘年的作文教學生涯中，幾乎次次如此！

「所有的孩子都隨時在學習，生活就是最好的老師。利用書籍、別的孩子、工具、大人，孩子去探索、掌握、體驗、了解四周。他們學會解決問題，學會與人相處，學會為自己負責。只要我們不去干預他，孩子們會學到他需要學的東西。而我們，只要支持、協助、在他需要我們的時候幫忙。」這是瑟谷學校的宗旨，自主學習的結果，也是我認為最適合孩子的學習方式。在此跟所有家長分享。

關於陳安儀：

自小就是個好奇寶寶，興趣廣泛，尤其喜愛閱讀與寫作。台大中文系畢，曾任電視幕後企劃及聯合報、壹週刊記者，二〇〇二年創辦台灣母乳協會，擔任母乳志工長達七年，育有一女一子。

二〇〇五年成為自由撰稿人，著有《窩心——父母最想知道的親子聊天術》「讓孩子愛上閱讀」、「分數之外的選擇」……等親子教育類作品。

二〇〇八年創辦「媽媽 PLAY 親子烘焙聚會教室」，及「陳安儀多元寫作」，目前是身兼作文老師、電視談話性節目中之常客，經常應邀暢談親職教育、生活等相關話題，並經營部落格「陳安儀的筆下人生」anyichen.pixnet.net/blog，點閱率高達二千萬人次，獲選為親子天下雜誌「精選部落格」。

原序

人類天生好奇

自古以來，教育工作者就不斷地問自己：什麼是最好的教育方法？學生應該學些什麼？孩子能負責到什麼程度？他們應該自主到什麼程度？民主社會中的學校應該如何辦學？對大部分人而言，即使有改革之心，也只能這麼想一想而已。

既有的教育系統，根深柢固，積習難改。在現實中，我們不可能做真正想做的事。我們只能將就現實，做些許改善，卻不能對體制教育做全盤的檢討。

偶爾，會有一小群人，不畏傳統地提出這些問題——並且提出解決的方案，實際動手推行，讓大家都不得不刮目相看。這些教育實驗意義重大，因為他們提供了一個思考的機會，讓我們用全新的角度看事情，鼓勵我們嘗試新方法。

一九六八年（民國五十七年），美國麻州法明罕市（Framingham, Massachusets）誕生了一所獨特的實驗學校——瑟谷學校（Sudbury Valley School）。這裡招收四歲到十九歲的學生，使用完全不同於以往的教學方法。瑟谷的教學得到教育界肯定，成為美國第一家正式立案的自主學習學校。

瑟谷學校令人印象最深刻的是他們對學習所抱持的態度。瑟谷的創校精神植基於亞里斯多德兩千多年前的名言：「人類天生好奇。」也就是說，人們隨時都在出於本能地學習。兒童也是一樣，隨時隨地在自然地學習著他想學習的一切。不論年紀大小，每個學生一進入瑟谷學校就得為自己負全責，為自己的未來做種種決定。學校裡的大人、工作室、設備和圖書館都在那裡，等著學生使用，但是不會主動引導學生的學習。瑟谷的教育理念很簡單：天生的好奇心會是學習最好的驅動力，孩子們會因好奇心而主動地探索他周遭的一切。

真實的情況如何呢？我們發現每個學生都學會了基本學科——可是他們是以自己的速度、自己的時間表、自己的方式學到的。有的孩子五歲就會閱讀，有的到了十歲才會。有的向老師學習、有的向同學學習、有的自己學習。每一天，各種年齡的學生都在一起學習——一起玩耍、一起談話、一起成長。他們長大了以後，往往非常了解自己，也了解自己的目標和未來。他們離開瑟谷之後進入各行各業——專業人士、商人、大學生、手工藝師傅……他們充斥在全國各地。這些成果全由自主學習而來，學生們在學校裡自己判斷要做什麼、要學什麼。

另外一件有趣的事，就是學校的結構。瑟谷學校是一個完全民主的地方，由「校務會議」全權管理。校務會議中，老師和學生每人一票，票票等值。學校一切相關事務都由校務會議決定，包括：校規、預算、行政、聘任、解聘及處罰。

結果是一切順利運行，每個人福禍相繫、校區內看不到破壞與髒亂、充滿了開放與信任的氣氛。這些現象在別處各種大大小小的學校裡是看不到的。而且，瑟谷學校並沒有接受任何政府或私人企業資助，全憑著學費辦學。每個學生的花費大約是公立學校成本的一半，當然更遠低於別的私立學校。

要了解瑟谷學校，必須先了解我們對學校角色的期望，以及我們如何達成這些期望。事實上，我們的期望很多，但是這些期望都可以合而為一。

首先是關於學習的部分，我們希望孩子們只學他想學的東西——他們只學自己主動想學的、堅持要學的、肯用心認真努力去學的東西。我們希望他能自己選擇學習內容、找相關書籍及老師。我們覺得必須在沒有外力干涉、沒有威逼利誘、沒有任何規定的狀況下，一個人主動認真學習來的東西，在他的人生中才有意義、才有作用。我們也相信，教師的最大滿足與成就來自於教導一批主動要學習的小孩。事實上，自主學習的環境，對老師、對學生，都是最好的學習天堂。

為了身體力行地實現理想，我們必須捨棄任何形式的課程安排、任何學校提供的學習規劃。我們必須被動地等待學生來找我們。每個人不論做什麼，都得為自己的行為負起完全的責任，而不是聽從任何一個權威人士的安排。這是為什麼我們從來不去規定某個年級得要有某種學科程度的原因。我們認為每個人，只要別人在有需要時加以協助，就都可以自己弄清楚他這一生要做什麼、要如何達到目標。

這和我們希望孩子養成的人格息息相關。首先，我們要孩子們了解「責任」是什麼，了解做為一個負責的人需要做些什麼——不只是由書本或演講中學習負責，而是由每天的生活中學習。

在我們的心目中，負責的意思是承擔自己行為的後果。你得自己做決定，沒有別人能為你做決定。你得自己承擔一切後果。沒有人能為你思考，沒有人能保護你一輩子，為你承擔後果。這一點認知是很重要的，如果你希望成為一個獨立自主、命運掌握在自己手裡的人的話。

為自己負責的意思也包含了生而平等的觀念。權威的產生，必須是經

瑟谷學校的立校精神便是如此。我們不管每個人的年紀、知識或成就，都要求他為自己負責、承擔後果。

由大家同意的。當然，這種觀念並不新穎——美國不就是這樣立國的嗎？可是對我們而言，平等不只是口號，也是我們日常生活中身體力行的標準。

為個人負責包含了許多觀念。整體而言，就是在學習當一個自由、獨立的人。瑟谷學校的立校精神便是如此。我們不管每個人的年紀、知識或成就，都要求他為自己負責、承擔後果。我們知道人會犯錯誤——但是既然這些錯誤是自己的，他就會比較願意從錯誤中學習。一個心理健康的人，不論成功或失敗，都會學到東西。我們認為嘗試是很重要的，成功與否倒不重要。如此一來，他會有心理準備，隨時可以迎接不期然的挑戰與機會。

我們的學校氣氛正反應了我們對學生人格的期許。我們的目標就是讓學校裡沒有使孩子害怕的東西。

我們不要孩子們害怕權威。我們不在乎權威。權威本身是好是壞，倒是見仁見智的，要看許多相關因素而定。有些時候，我們需要權威——例如學徒學手藝的時候、或是工商行號的運作。

問題是：這個人是如何得到權威的？一旦得到後，如何保持權威？如果你了解一個人如何得到權威，如果你有辦法表示意見、又能監督他，你就不會害怕這個權威人士了。你怕的是人為的權威，你不能參與、不能控制的權威。瑟谷自始即決定，學校裡沒有一個人需要怕任何人，包括老師、學生和訪客在內。這使得每個人都有勇氣與任何人四目相對，不管對方是什麼性別、年齡、地位、學識和背景。

我們覺得，民主制度是最好的管理方法。民主制度給予每一個人最大的獨立自主空間，同時在公眾事務上，給每個人最公平的機會來表達意見。三百多年來，美國東北部普遍採用的市民大會便是民主政治的典範。我們的學校便是以這種市民大會為模式建立的。學校中的每個人都是這種政治組織中的一份子。

既然美國各級政府都是經由民主程序產生的，我們覺得學校也應如是。由小鎮到聯邦政府，不都是民主的嗎？為什麼學校不能做到呢？我們越想越覺得沒道理。大人在面對學校的時候，也應該拿出他們的民主思想來。這樣子，學生才能在一個民主的環境裡，學習到民主的真諦。他們長大之後，要成為一個具有民主素養的大人一點也不難，因為他們早就有多年的經驗了。

我們仔細思考，發現我們要的東西這麼多，但是這些東西其實都可以一以貫之，那就是「自主學習」。

在自主學習學校裡，人們自行決定要做什麼，公眾事務則由校務大會決定。

就是這麼簡單。但是這個簡單的作法能夠培養學生的健全人格、能夠實現我們的教育理念、能夠形成我們所追求的學校氣氛、能夠組成我們需要的學校結構。

一九六八年創校之前，許多人說我們做不到，說我們是夢想家，說我們的理想學校是烏托邦。但多年來瑟谷仍屹立不搖，成果有目共睹。

到瑟谷來訪問，會有什麼感受呢？學校的主體建築是一幢有一百多年歷史的石材樓房，周圍是十畝的花草樹木。校園一端是馬廄，現在已改裝為教室。另一端是小湖、磨房、土石壩、木橋。校區外是一大片望不盡的州立公園和自然保護區，森林和山丘上揮灑著四季變化的色彩。

瑟谷完全不像是一間學校。一般學校的特色在這裡全看不到。瑟谷看起來更像是一個家，許多家庭成員進進出出的，全在忙著做自己的事。人們的態度輕鬆但不懶散。這裡的布置、人們和氣氛絕非訪客所能想像。訪客往往感到很迷失，他們不斷尋找學校的種種特質，卻毫無所獲。

這本書便是為了讓大家認識瑟谷學校而寫的。內容包含了過去二十多年的部分經驗，但這絕不是瑟谷的正史，也不是教育理念及教學方法的討論，而是一個獨特經驗的個人分享。

譯序

美國教育考察記實——瑟谷學校

文／丁凡

我之所以會到瑟谷學校參觀，說來是有一些淵源的。

瑟谷學校（Sudbury Valley School）是美國第一家「自主學習學校」，至今已有五十年歷史。仿效瑟谷而成立的學校，至少有十八所，散佈全美各地。

什麼是自主學習學校？

有人稱自主學習學校為「無結構學校」，因為瑟谷沒有任何課程、沒有上下課時間、沒有任何學科要求。看在外人眼中，學生們似乎整天就只是玩耍。

我跟瑟谷的關係，始於二十年前。小女兒如如轉學到位於烏來的種籽實小——台灣當時唯一的自主學習學校。住在美國的大姊正好看到《今日美國》作了一篇報導，介紹瑟谷，便寄來給我。一看之下，才知道除了英國的夏山學校之外，還有這麼多想法類似的學校。

經過初步聯絡之後，我開始與瑟谷的人互通電子郵件，訂購了他們出版的書籍和錄影帶，找了出版公司談版權，接著便開始著手翻譯。了解得越多，興趣越大，於是有了親自去參觀的念頭。瑟谷的人很熱情地一口答應了：「平常我們是不隨便讓人參觀的，你不同，來吧！可是記得，要像牆上的蒼蠅一樣，安安靜靜地，不要問一大堆問題。學生們快被煩死了，訪客總是要問他們在做什麼？為什麼要做那件事？學會認字了沒有？整天玩耍不會無聊嗎？請尊重他們，不要拿他們當動物園裡的動物。」

於是我帶著女兒由台北飛到波士頓，轉了三班火車，再叫了輛計程車，終於來到瑟谷。十一月正是秋涼時節，滿山的葉子全是各種深淺不同的黃與紅。瑟谷的校區不算大，十英畝的地，一幢古老的兩層建築。另外有一座穀倉、一片小湖、一座小橋。大大小小的孩子進進出出，打球的打球、聊天的聊天。這裡不像學校，倒像是一個大家庭。

找到了和我通信的明西。寒暄之後，她帶我去掛好大衣，四周轉了一圈，便放我「自主參觀」了。這裡的人，非常重視人的獨立性，對學生如此、對訪客也如此。沒有人給我做簡報，沒有人領著我參觀，沒有人問我要做什麼。他們覺得，不論大人小孩，都要為自己負全責。每一天的日子要怎麼過，完全是由本人決定。

東問西問之後，輾轉找到了小書房中正在開會的一堆人。十來個人之中，一半是大人，一半是十六、七歲的大孩子，正在討論要買什麼樣的烤箱。桌上攤了一堆資料，氣氛溫暖和善、輕鬆自在。偶爾有人探頭進來看看、坐一坐又走了。

似乎，他們的會議不但全面開放給學生參與，而且不在乎任何人的來來去去。每個在場的人都可以發表意見——有人主張買大烤箱，可以為全校一百八十八名學生烤鵝，也可以辦大型義賣募款；有人主張要買寬的烤箱，可以讓兩、三個人同時使用上層的火爐……規格、價錢、品牌、用途，都一一討論過。最後由「烹飪委員會」的成員投票決定。這些成員中，有五位大人、兩位大孩子。

選好烤箱之後，烹飪委員會又決定由學校出一半的錢，剩下的五千美金分四年募款攤還。大家熱烈討論如何舉辦義賣；烹飪社如何準備每週一次的午餐；午餐應該賣兩塊美金還是一塊半；賣午餐的目的到底是為了賺錢，還是為了訓練學生……。

最後談到烹飪社使用廚房是否需要繳費的問題。學校經費短絀，只有部分人使用廚房是否公平；電費分擔、烤箱折舊……都一一提出來討論之後，決定每次使用新的大烤箱要繳兩塊錢美金。收錢的人很快選出來。散會。

瑟谷的老師不叫老師，叫做「工作人員」。他們沒有校長、沒有主任，只有分工合作。每一個委員會的成員都是自願的，而且是大人小孩都可以參加。參加的條件只是要準時出席各委員會的會議。缺席不到的委員，自然喪失他的投票權。所以每個人對於自己關心的議題，便會熱心參與，以期運用影響力達到目的。

在這裡，四歲到十九歲的孩子，全都擁有與大人同等的參與權和投票權。只是年紀小的孩子，很自然的比較不關心學校的行政作業，所以委員會裡多半仍是大人和大孩子。

緊接著是每天早上十一點開的學生法庭。負責的是一位大人和五位大孩子。

被「控告」的孩子們陸陸續續地進來，辦完事又陸陸續續地離開了。兩個鐘頭內，總共處理了十幾件「案子」。程序大體相似：被告走進來後，有人宣讀他的「狀紙」，問他：「到底是怎麼回事？」多半的人直接承認犯規，在狀紙上簽名認罪，由法庭宣布罰則內容，肯接受的話就再次簽名同意，案子結束。有的人不服控告，會為自己辯解，這時候就要找來證人，多問些問題。有誤會的，談明白也就算了，不一定要罰。罰起來也不算什麼：在沙發上跳來跳去，以致沙發壽命縮短的罰美金一元；弄壞別人玩具的罰賠玩具；畫完圖畫不收拾乾淨的罰三天不准使用美術教室；罵人的罰三天不准和被罵的人玩耍；被罰了卻不遵守罰則的續罰三天；屢犯不改的轉送校務大會裁決……。

每週一次的校務大會顯然比較嚴格。曾經有人連續八週被轉送校務大會，最後校方不得不勒令退學。

「學生法庭」一詞，或許聽起來很嚴厲，但事實不然。整體氣氛是友善、輕鬆的，罰則也都頗為合情合理。碰到屢犯不改的人，大家也沒有什麼不耐，只是明白地說：「這是你第四次犯同樣的校規了，你懂得要收拾看完的雜誌嗎？你知道要放回原來的架子上嗎？下回會記得了嗎？」碰到年紀小的孩子，大家的口氣明顯地調整得更溫和：「這樣說，懂不懂？不可以在那裡吃東西噢，下次注意噢，好不好？」

有個十歲男孩被控告踢人，很不服氣地反控對方一直罵他是臭蛋。法庭找了證人來，證明所言屬實之後，跟他說：「不管別人是否有錯在先，你踢了人就是不對。你可以控告他罵人，我們會處理。你選擇私下解決，就變成你有錯。現在我們無法罰他，因為你沒有提出控訴。我們必須罰你，因為他告了你。這樣子說，你服不服氣？」男孩子有點不甘願地點了點頭，法庭決議給他一個警告：「你來瑟谷一年了，這是第一次被控告，可見你平日行為良好。又有證人證明你是被激怒了，所以只給你一個口頭警告。但是請記得，下次有任何人讓你不舒服，不要自己私下解決，要拿到法庭上公斷，否則下次不會只是一個警告，我們必須罰你了，懂嗎？」

另外一個小男孩被「穀倉整理委員」控告不掃地。兩邊爭執不下到底是不是該他掃地，法庭當下朗讀清掃規則：「這樣子懂不懂了？下次輪到你掃地，你不能再說你不知道，因為今天我們都談清楚了，對不對？好，請穀倉整理委員另外給他排清掃日期。」那位十歲的委員仍然不太服氣：「我就不信他不懂，怎麼可能不懂？我以前解釋了又解釋！」法庭馬上制止他說下去：「我們明白你在說什麼，但是我們沒有辦法判斷他以前到底懂不懂，這件事只有他知道，無法被證明，我們無法決定要相信他還是不相信。我們只能同意，今天之後他是懂了，因為今天把一切當眾說明了，對不對？下一次再有問題，我們才能秉公處理。這樣子能接受嗎？」終於得到雙方同意，畫押結案。

大家魚貫出了小書房，到餐廳吃午飯。瑟谷並沒有規定的午餐時間，誰餓了誰吃，沒有人管。有人喜歡走個二十多分鐘到校外訂比薩餅、有人吃泡麵、有人帶三明治……我拿出一大包雪餅請他們吃，一時之間，整個餐廳都是喀嚓喀嚓的聲音。其中一個大孩子說：「這不是日本字嗎？這是日本食物嗎？」他到過日本，有一些接觸。

我說台灣頗受日本影響。另一個孩子接口：「對，因為台灣和日本很靠近對不對？」我心想，不錯呀，竟然沒有像一般美國人把台灣當成泰國。

小的孩子想知道我飛了多久才到，大的孩子想知道我是怎麼知道瑟谷的、為什麼要來訪問。大人則對種籽實小充滿了好奇。一談之下，才發現我們所面對的問題是如此相似。家長的質疑、對老師的不信任、經費短絀、薪資有限、法源困難……雖然他們當時已經歷經三十寒暑，但是創校人之一——漢娜仍是不斷搖頭：「難啊！家長們給的壓力極大，要求極多。很多人是因為孩子在體制內待得太不快樂，才不得不來這裡。來了之後好不容易快樂起來了，就又要他們學這個學那個，干擾馬上來了。」

既然家長在校務會議中也有投票權，不同理念的家長會不會導致學校分裂呢？

「有啊，頭幾年裡，每一年都走掉一大批，待下來的全是忠實信徒。不過新加入的家庭倒不一定，有些也是無法認同我們的作法，但是因為學校歷史久了，有一些根深柢固的文化傳統，好似有了自己的生命，不輕易受任何人的影響。」

這樣自由的學校，會不會吸引一大堆無法適應體制教育、或是有心理問題或行為問題的學生呢？「會呀！但是他們一旦來了瑟谷，便必須遵守瑟谷的規矩。我們不去處理他們的家庭問題或心理問題，只管他們在學校的行為。但是因為我們真正尊重他們，孩子們也會相對的尊重學校。我們看不到暴力、看不到破壞、看不到偷東西，只有一些小小的犯規或摩擦。」

到底是怎麼樣的教育理念，驅使這群人不畏艱難、不計薪資地堅持下來呢？

瑟谷的教育哲學植基於對人的信任。亞里斯多德說：「人生而好奇。」瑟谷認為兒童天生好奇，只要給他一個學習環境，他就會學習——用最適合自己的方式學習。體制中的教育，一律要求孩子在某個年紀做某些事、以某種特定的方法與速度學習某些被公認為重要的學科。瑟谷相信人都是不同的——不同的個性、不同的興趣、不同的方法、不同的速度、不同的人生目的——他們完全尊重個體自決的權利。他們相信任由孩子自然發展，孩子才能成就最真實的自我，才能避免扭曲的人格。為了讓孩子自然發展，他們不排任何課程、不作任何要求，他們等待孩子們主動表示要學什麼，大人只被動反應。

許多孩子自己學會認字，完全不找大人幫忙。他們有時候找別的孩子幫忙；有時候自己找書看；有時候學校資源不夠，就會找外面的專家解答疑問。想學手藝的人找師傅當學徒；想上大學的自己念參考書、準備入學考試。那麼全校十位老師都在做什麼呢？

新來的老師最難以適應的就是沒有任何明顯的「工作」要做。但是說他們閒著也不正確。與我談話的時候，所有的大人都是來來去去的：為一個六歲小女孩貼繃帶、為一個八歲小男孩上數學課、開小組會議、接電話、學生來邀他打球、一個十五歲女孩縫衣服有了困難來搬救兵……學校是一個流動的生命，隨時有狀況需要處理。瑟谷的大人是支撐學校的骨幹，他們的工作是維持學校的運作，讓孩子擁有一個安全、溫暖的學習環境。其他的一切，全都要看孩子自己了。

多半的人會懷疑：成效如何呢？如果不要求小孩子學習，他就不會學習，那他將來怎麼辦呢？以瑟谷的經驗看來，這些似乎都是多慮了。雖然沒有人管，孩子們或早或晚地會自己學會閱讀，一般在八歲左右學會，最早的五歲、最晚的十二歲。孩子們到了十一、二歲便會想學算術，一般可以用半年的時間，每週上兩堂課的速度，學完小學六年全部的數學內容。

想上大學的孩子，大約花半年猛念入學的參考書，都能申請到自己心目中的理想大學。其中許多人進了一流大學。

瑟谷的學生都顯得有自信，他們了解自己：了解自己的興趣、了解自己的能力、了解自己要什麼……他們獨立自主，懂得解決問題。這些能力都不是書本中學得到的，但是這些能力都是他們將來面對人生時最大的資產。我們習慣了不斷地灌輸各種知識給孩子，結果呢？吸收不了的孩子自覺是笨蛋、吸收得了的孩子自以為優秀，但是誰也不會真正知道怎麼樣處理人生。

在美國這樣一個民主、講究自我、鼓吹獨立的社會中，瑟谷的生存仍然顯得困難。而在台灣這樣一個社會裡，當自由與放任不分、民主與暴力相結合、人與人之間鼓勵相互依賴時，種籽實小的生存更形艱辛。羨慕夏山的人很多，有勇氣實現學習自主的人很少。這倒不要緊，畢竟人生的選擇是多樣的，我們並沒有打算把每家學校都改造成種籽實小。我只擔心，我們的社會是不是已經成熟到能夠容許不同的聲音存在？是不是能夠欣賞不同的教育理念、不同的作法？還是一方面要孩子獨立自主，一方面又視自主學習為異端邪說呢？

瑟谷的五十年歷史、十八家以上繼之而起的自主學習學校、瑟谷的數百位畢業生都是活生生的證據，證明了自主學習也許不適合全部的人、也許很困難，但是確實可行。

二十年過去了，瑟谷仍然健在，烏來的種籽實小也仍然健在，如如已經結了婚，住在紐約，成為成功的專業插畫家。種籽的畢業生成年之後，有相當大的比例從事創作，成為演員、劇場工作者、設計家、文藝咖啡館老闆、陶藝家、登山專家、木工師傅、服裝設計師、首飾設計師、搖滾樂手、甜點師傅、啤酒釀造者……這些社會新一代青年的共同點就是知道自己要什麼。他們忠於自己，勇於選擇了非主流的道路，並且年紀輕輕就找到了個人特色。

我相信，這就是信任生命，允許孩子嘗試探索，不給予制式框架束縛的自然結果。

前言

不用申請大學

已經沒有面談機會了！

十二月了，每一個想進康州中城（Middle Town, Connecticut）衛斯理楊大學（Wesleyan University）的高三學生都早已提出申請，安排好面談時間。等到十二月再申請已經太晚，更別提安排面談了。

但是麗莎可不管這些。每天早上九點一過，她就給衛斯理楊大學的教務處打電話。每天早上，祕書接到麗莎的電話都說：「沒有辦法，沒有面談機會。」很快地，麗莎的聲音和麗莎的決心在衛斯理楊的教務處都出了名。她和這些人不斷地聊天、懇談。一週又一週。

他們問她：為什麼沒有及時提出入學申請？她回答：有啊，可是不是衛斯理楊呀！她在別處的申請都早早完成了，可是直到現在才有朋友和老師告訴她，衛斯理楊大學會是最適合她去念的學校。她去看過衛斯理楊校區，和那邊的學生談過話，覺得真的很合適。衛斯理楊正對她胃口，速配得很，她相當有把握。不管申請會不會太遲，她都要申請。她要衛斯理楊的人也了解這一點，給她一個機會讓他們了解她，了解她和學校有多麼相配。

麗莎明白她必須要有面談的機會。他們必須直接與她接觸，看看她的眼睛、看看她是怎樣的一個人。當然，她也像別人一樣，寫了自傳、填了表格。但是她的個人資料有個與眾不同的弱點。

她的申請表上沒有成績、沒有分數、沒有課程學分、沒有評量。這麼多年的學生生涯，卻沒有一點學習成果的記錄。

麗莎是瑟谷學校的學生。她學到了很多東西，其中最重要的是她學會了一切要靠自己。

一月八日。

「有一個人取消面談了。你下個星期二早上九點能不能來補位？招生主任會親自見你。」

天大的好消息！

她當然會去，下個星期二也好、任何一天、任何時候也好，她都會去。

她到了衛斯理楊的教務處。每個人都轉頭看她。這就是那個永遠不肯放棄，一直打電話來的女孩子。他們對她微笑，溫暖地歡迎她。主任已經在等她了。

她走進主任辦公室，進行十五分鐘的面談。別的學生等著輪到自己。十五分鐘過去了，麗莎沒有出來。半個小時過去了。四十五分鐘過去了。到底是怎麼回事？終於，一個小時後，主任和麗莎笑著走出來了。他們走到麗莎的母親面前，主任說：「我希望麗莎會決定來這裡上大學，我認為她和我們很相配。」

她的申請被接受了，她的面談成功了。十二年的瑟谷教育，凝聚成一股強大的人格力量，使麗莎完滿達成任務。她收到衛斯理楊大學的入學許可。她接受了。

每一位想升大學的瑟谷畢業生都有相似的遭遇。他們通通上了心目中的第一志願。許多學生是被大學主動網羅的。他們全都沒有成績單、沒有修標準課程、也沒有推薦信。

但是他們擁有更多。他們有內在的力量、他們了解自己、他們有決心與毅力。每一次有學生申請大學，對方都會奇怪：「瑟谷學校是怎樣一家學校？為什麼他們的畢業生會這樣好呢？」

這本書便是描寫這家前所未有的學校。我們參考了許多先哲思想，融合了古老與現代的精神，最後匯聚成一股新的力量。

通過這本書，讀者可以大略看到個人主義、個人自由、民主政治的精義。這些都是美國的立國精神，都是我們的根。

PART 1

自由學習

數學內容並不是那麼難。難的是教一些根本不肯學習的學生，簡直是不可能。唯一的辦法就是年復一年地，慢慢地一點一點教。

1 數學

我的面前坐了十來個小孩，有男有女，九歲到十二歲。一星期前，他們要求我教他們數學。他們希望學會加減乘除和其他算術。

他們剛來找我的時候，我說：「你們並不是真的想學數學吧？」

「我們要，我們真的要！」他們回答。

我堅持：「你們不是真的要學。而是你們的鄰居朋友、你們的父母、你們的親戚要你學的，你們自己寧可做別的事，像是去玩呀什麼的。」

「我們知道自己要什麼，我們要學數學。教我們，我們會證明給你看。我們會做功課，我們會很努力、很認真！」

我不得不相信他們。我知道一般學校都用六年時間教算術，我也知道過了幾個月他們就會失去興趣。可是我沒有別的選擇。他們非要不可，我則毫無信心。

可是我錯了。

我的最大問題是找一本合適的教科書。我以前參與過《新數學》的編寫工作，但是我越來越痛恨它。當初編寫的時候，我還很年輕，屬於甘迺迪時代的產物。我們信心十足，毫不懷疑自己，腦中充滿了抽象邏輯、理論、數字、數學難題……。我猜，如果要我們為農夫設計農業課程，我們會從有機化學、遺傳和微生物教起。幸好沒人要我們設計農業課程，否則世界上的人都要餓死了。

我越來越討厭「新數學」中的抽象思考和自以為是。不到百分之一的老師真正懂得新數學在講什麼，不到千分之一的學生知道自己在做什麼。人們生活中需要的是算術，他們需要學會計算，以便使用工具。我的學生需要的是這些。

我在圖書室找到一本教數學的書，正合我用。這本書寫於一八九八年，版面小而厚重。裡面全是上百成千的練習，目的是訓練孩子們熟於計算。

課程準時開始。這是我們約好了的。我問過他們：「你們說你們會很認真？那麼好，每個星期二和星期四，早上十一點整，你們得準時到教室，遲到五分鐘以上就不上課。取消兩次以後就不教了。」

他們說：「就這麼約定了。」眼睛裡閃著快活的光芒。

基本加法花了兩堂課。他們用各種方式學：長長細細的方柱、短短胖胖的方柱、長長胖胖的方柱。他們做了許多練習。減法花了另外兩堂課。本來一堂課也夠了，可是「借十」的算法需要多費點工夫解釋。

輪到乘法了，首先是九九乘法表。每個人都得熟背，每個人都被考來考去；然後學乘法原則。最後練習。

他們全部都很熱中於學習。一面學著新的觀念，一面漸漸熟悉了四則運算的訣竅，他們可以「感覺」到新知識進入自己體內。幾百、幾百題的練習、課堂小考、口試，一再地把算術輸入他們的腦海。

可是他們不退縮，全部繼續學下去。有時候他們互相幫忙解題，互相教導，使課程得以持續下去。十二歲和九歲、獅子和綿羊，合作無間地併肩坐在一起，絕沒有互相取笑、沒有羞辱。

除法——直式、橫式、分數、小數、百分數、開根號。

他們早上十一點準時來，上半小時課，帶著作業離開。下回上課時，全都乖乖地把作業寫完帶來批改。沒有一個例外。

二十週課程結束時，總共上了二十小時的課，他們就把算術學完了。六年的課程內容。他們每一個人都學得滾瓜爛熟。

我們為了課程順利結束開了個大派對。這不是第一次，也不會是最後一次，我被自己當初的理想震懾住了。我們的教育理念管用，非常管用。

也許我應該料到會有這種後果的，可是我仍然忍不住視為奇蹟。一週之後，我跟艾倫．懷特聊起這件事。懷特是公立學校裡的數學老師，對數學教學的最新發展比誰都懂。

我告訴他數學課的情形。

他一點也不意外。

我很吃驚，便問他：「為什麼一點也不意外？」我自己仍處於興奮狀態，對於我那十二個孩子學算術的速度和徹底的程度感到震驚。

他的回答是：「因為每個人都知道，數學內容並不是那麼難。難的是教一些根本不肯學習的學生，簡直是不可能。唯一的辦法就是年復一年地，慢慢地一點一點教。即便如此，也還是有許多人怎麼學也學不會。大部分的六年級學生都是數學文盲。給我任何一個有心學習數學的孩子——二十週差不多夠了。」

我想大概是吧！

以後的孩子學起來，也是那麼快。

2 班級

說話得小心，用詞遣字才不會引起誤會。同一句話聽在兩個人耳朵裡，能代表同一個意思才真是奇怪的事呢！

通常，同一句話不會代表同一個意思。例如「愛」、「和平」、「信任」、「民主」……，每個人都會在字眼裡加入自己一生的經驗和世界觀，而我們知道這些東西是人言各殊的。

例如「班級」一詞，在沒有學校的社會裡會是什麼意義呢？也許他們根本沒有這個名詞。對大部分人而言，這個名詞則代表了許多意象：一個有老師有學生的房間、學生坐在椅子上、老師站在台上教導。它也代表了課堂的上下課時間、作業、課本、課程進度。它更代表了許多別的東西：無聊、挫折、羞辱、成就、失敗、競爭。

在瑟谷，它代表著完全不同的意思。

在瑟谷，「班級」代表兩群人之間的一個協議。一開始，是一個人或數個人決定要學什麼——例如算術、法文、物理、拼字或塑陶。通常他們自己會搞定。他們會找到書或電腦教學軟體，或觀察別人。這種時候，其實不是一個班級，只是自主學習而已。

有時候學生們無法自己解決問題。他們會找人幫忙，這個人必須能提供他們缺乏的資訊。當他們找到這個人了，就開始談判：「我們會做這個做那個，你會做這個做那個……好嗎？」如果每個人都同意了，一個班級就形成了。

要求形成班級的人就是「學生」。如果他們不認真上課，班級就自然解散了。通常，孩子們會自己想出來要學什麼、自己想辦法解決困難。他們不太需要一個正式班級。

和學生訂立合約的人就是「教師」。「教師」也可以是學校裡別的學生，通常是在學校上班的大人。

在瑟谷的老師必須隨時準備和孩子們談判契約——能夠滿足孩子學習

需要的契約。有很多人寫信要求來瑟谷當老師，許多人會談到他們有多少多少本事可以「教」給學生。這種人通常在這裡待不下去。重要的是學生要學什麼，而不是老師能教什麼。這個觀念對於許多資深老師而言是很難接受的。

班級契約的內容很多：主題、時間、雙方必須履行的責任。例如，契約中可能會約定老師必須在某個特定時段和學生會面。這個時間也許是固定的：每週二上午十一點到十一點半；也許是不固定的：「如果我們有問題，我們可以在週一上午十點一起研究；沒有問題的話，就不見面，延到下次再說。」有時候，他們會選一本書當主要參考書。學生也有責任要履行，例如他們要準時上課。

任何一方覺得夠了，就可以解散這個班級。老師若覺得無法勝任，隨時可以退出──學生如果想繼續學，就得另外再找老師。如果學生不想學了，老師必須自己想辦法消化空出來的時間。

偶爾，學校裡會出現另一種班級。有的人覺得自己有某些獨特的東

重要的是學生要學什麼，而不是老師能教什麼。

西，而且是書本上看不到的，別人也許會有興趣，因此想教給別人。他們可以貼個公告：「想學×××的人可以在週四早上十點半在演講廳見面。」然後等著別人來。如果有人來，就開始教。如果沒有人來，只有認了。甚至有的人來了一次就不來了。

我貼過幾次這種公告。第一堂課總是很多人來：「看看他葫蘆裡賣的是什麼藥。」第二堂課人就開始少了。最後只剩下一小群真正有興趣的人。對他們這是一種娛樂，對我則是一個宣揚自己思想的機會。

3 堅持度

這又是一個語言認同的問題。照上一篇文章所說的，學習聽起來似乎很隨便、輕鬆、容易。隨便學、隨便忘。東學西學、亂七八糟、沒有紀律。

我倒希望真是那樣。

學校剛成立時，十三歲的李察入學了，很快就發現自己對古典音樂有興趣——尤其是喇叭。李察覺得他找到了人生目標。學校正好有一位老師會玩銅管樂器，李察很熱情地一頭栽進去了。

李察每天要練習四小時。我們建議他做些別的事，可是他一點也不聽。他的事情真是多，但是不論他在做些什麼，每天總找得出四小時練喇叭。

他住在波士頓市區內，每天要花七十五分鐘來學校，由法明罕公車站要徒步走半個多小時到校區。好像郵差似的，「不論晴雨、再惡劣的氣候」李察都準時上學，我們的耳朵每天不得安寧。

很快地，我們發現湖邊磨坊的妙用了。磨坊的屋頂和四面牆都是石材做的，位置又遠離校區中心。這幢沒人使用的建築物忽然引起了我們的注意。李察也注意到了。磨坊變成了音樂教室，李察在那裡大吹特吹他的喇叭。

他練了又練。

每天至少四小時，連續四年。

畢業後不久，李察進了音樂學校，後來成為一個大交響樂團的首席喇叭手。

李察之後是法拉第，他喜歡打鼓。早上打、下午打、晚上也打。顯然需要緊急干預。我們在地下室為他準備了一間鼓室，也給了他一把學校大門鎖匙，以便他可以早打鼓、晚打鼓、週末也打鼓。

我們發現地下室隔音效果不太好，總是聽到一陣一陣的鼓聲，好像生活在叢林中。法拉第念了兩年，十八歲時離開。我們都很喜歡他，但是我們也都巴不得他早點走。

孩子們的堅持度不只是表現在音樂上。每個孩子都會找到一樣、兩樣、甚至許多樣興趣，無休無止地埋頭苦幹。

有時候，他們埋頭苦幹地認真念書。每一年，想上大學的大孩子都會為了大學入學考試猛啃書本，碰到困難的時候，他們會找大人幫忙，可是他們終究必須得靠自己用功。厚厚的參考書被借來借去，一頁一頁仔細讀過。這個過程非常辛苦，從頭到尾大約四、五個月，而且有些人以前從來沒有念過這些內容。

有些學生整天在那裡寫個不停，有的人畫個不停。有人塑陶、有人作菜、有人運動。

有些人的興趣比較普通，有些人的興趣很特別。

路克想當一個葬儀化妝師。十五歲孩子很少會有這樣的志願。他有他的理由，他認為自己可以為喪家提供許多安慰。在他的心中，他的葬儀社已經有模有樣了。

路克很認真地學習著科學、化學、生物和動物學。十六歲，他準備好了。我們把他帶到本地最大的醫院去，那裡的病理科主任很高興地歡迎這個工作熱情的實習生。每一天，路克學到更多的技術，使病理科主任大為驚異。一年內，他已經可以獨力驗屍了。這是史無前例的一項成就。

五年內，路克拿到了葬儀化妝師執照。現在他真的擁有一間殯儀館。

然後是巴布。

有一天，巴布跑來問我：「教我物理好不好？」我沒有理由不信任他。巴布曾經做過許多事，我們都知道他會有始有終。他主持過學校的出版社、他寫過並發行了一本有關學校法庭的書、他花了不知多少時間練鋼琴。

於是我答應了，我們的約定很簡單。我給了他一本大學教科書，又厚又重。我以前也教過物理課，早年還自己使用過這本教科書。我知道困難會在哪兒。我告訴巴布：「一頁一頁念，一個練習題一個練習題做，一有問題就來找我。不要等到小問題變成大問題再來。」我猜我知道巴布會在哪裡卡住。

好幾個星期過去了，好幾個月過去了。

巴布一直沒來找我。

他以前沒有中途放棄過——以後也沒有。難道他失去興趣了嗎？我保持沈默，慢慢地等待。

五個月後，巴布要求見我：「第二百五十二頁上有個問題。」我試著不露出驚異之色。結果我們花了五分鐘便解決了這個小小的困難。

他再也沒有為了物理找過我。他一個人念完了那本書。他的微積分也是自己學的，連問也沒問我一聲。我想他知道，必要的時候我會協助他。

今天的巴布已經成為一名數學家了。

4 學徒制度

路克去醫院病理科實習的時候，他成為我們學校第一位在外面實習的學徒。

我們不可能讓路克在校園內驗屍。我們的實驗室再好，仍然無法應付這種事。

以十五歲之齡，路克有兩個選擇。他可以等個六、七年，念完大學，然後進入專業領域；他也可以直接開始。

我們不覺得他該等。我們找了很多當地醫生，直到其中一位首肯。我們和他訂了契約，就像學校裡的班級契約一樣：路克當你的助手，不拿薪水；你教他……。訓練內容都清清楚楚寫下來了。每個相關的人都看過了、應允了，學校的學徒制度於焉展開。

這個主意大受歡迎。吉兒愛上了戲劇，學校的劇團不能滿足她的需求。她喜歡做幕後工作——化粧、道具、服裝、布景、燈光。她在劍橋的老布劇團當學徒，不久之後就到處有劇團聘請她去工作了。劇團兼差的收入幫助她付大學學費，順利念完了戲劇學位。

什麼時候留在學校裡，什麼時候離開呢？許多時候，這是個非常困難的決定。沙奧在十四歲時愛上攝影。他在學校暗房裡自己摸索。他常常不滿意學校的設備，但是他決定不要出去當學徒，他要自己動手改良現有設備。他花了很多時間、很多力氣在學校工廠裡研究木工。他研讀攝影技術書籍。一年內，他獨力重建了我們的暗房，用的都是他買來的二手貨。他是學校有史以來第四個對暗房有興趣的人。等到他弄完之後，暗房看起來真是有模有樣。

但是到了沙奧十六歲的時候，連這間暗房也不夠用了，他需要跟著一位專業人士學習。一週又一週，沙奧在波士頓四處尋找肯收他為徒的專業攝影師。情況不妙，一個說：「去念大學。」另一個說：「去找一家商業攝影公司。」

找到喬的時候，沙奧已經身經百戰，懂得如何為自己爭取機會了。每一個反對的理由都被他駁倒了。可是喬仍然不肯收這麼年輕的學徒：「我知道青少年是什麼德行，遲到、隨隨便便、總是弄得亂七八糟。」沙奧不放棄。學校也支持他。終於，一週兩天，沙奧坐公車到波士頓為喬工作。

他由最基本的學起。一年後，他結束了學徒生涯，喬邀請他留下來工作，負責整個暗房。

今天，沙奧是一位藝術攝影家，也是一位擅長商業攝影的專家。

到目前為止，只有一次學藝失敗的紀錄。那次是因為師傅太不負責任，沒有好好教。學生只好放棄了，到別處找人教他。

多年來，有個人收了一大堆學徒。

艾倫．懷特是一位建築工頭。我們建校時，他還是一個公立學校的校長。艾倫是最好的行政主管——聰明而不愛現、脾氣好、公平、和善、合理、有組織力。

我們建校時，邀請了波士頓各校校長來參觀，看看我們在做什麼。艾倫是唯一接受邀請的人。他很好奇。

他的好奇心害慘他了。

艾倫後來當了教育官員，負責他們那個小城的教育改革。瑟谷學校成為他的教改藍圖。他了解得越多，越想在公立學校裡做一些改變。

他的小城因此而吵翻天了。直到今天，他創立的實驗學校仍活在人們的心中，令人懷念不已。但是當時卻不見容於社會，遭到了關閉的命運。

艾倫辭職了。他放棄養老金、放棄終身職、放棄了許多別的好處。他重拾舊愛，開始做木工，成為一位建築工頭。

這些年來，艾倫始終沒有離開我們，他總是在那裡幫忙、提供建議、安慰我們。從一開始，他就被選為學校董事長，年年連任。

學校裡若有任何人對土木工有興趣，就去找艾倫當學徒。其中有四位學成出師，成為專業木工師傅。

學徒制度使艾倫得以留在教育界裡，實地教導學生。也使得許多其他的人得以「師傅」的身分，帶領一個一個認真學習的學生。

5 閱讀

二十多年來，瑟谷學校從來沒有任何閱讀障礙的學生。閱讀障礙的成因、甚至於是否真的存在，都是見仁見智的。某些專家估計，約百分之二十的人具有閱讀障礙。

事實上，我們學校裡從未見過。也許是因為我們從來沒有逼任何人學習閱讀。

閱讀使我們受到很大的考驗。就像所有其他的事，我們讓孩子們自己決定。我們不催促他們。沒有人會說：「該學會讀書了！」沒有人問：「要不要學怎麼念書呢？」沒有人建議：「你不覺得該學學念書了嗎？」沒有人假作興奮地提議：「念書多好玩呀！」我們的原則是：等學生主動要求。

理想和現實配合的時候，當然是皆大歡喜。以我的家庭為例，老大五歲就開始閱讀，無師自通地學會了，六歲已經念得很好。沒問題。一切都

文字是開啟知識寶庫的祕密鑰匙。好奇心會引領他們，使他們熱情地學習文字。

令人滿意。

他的妹妹比他小兩歲半，就不同了。我們等了又等，等她自己學會閱讀，或是要求別人教她。可是我們一直等、一直等。

她六歲仍不會閱讀倒還好，沒有人在意。

七歲還不會念書就不太妙了。爺爺奶奶和朋友都開始不安，老是要暗示一下。

到了八歲，這簡直是不得了，在親朋好友之間成了一個醜聞。我們被視為不負責任的父母。學校呢？這種學校像什麼話，八歲的孩子還是文盲，卻什麼也不教。

在學校裡沒人在乎。她的朋友們多半會念書，有些不會。她自己可一點也不在乎。每天有那麼多事要做，她是那麼快活。

九歲的時候，她忽然決定要開始念書了。我不知道為什麼，她自己也不記得。總之，到了九歲半，她什麼都會念了。她不再是個「問題」。當然，對我們而言，她從來不是個問題。

我們的個人經驗一點也不特殊。學校裡的孩子有的開始得早，有的開始得晚，所有的人都等到自己準備好了才開始閱讀。最後每個人都學會了閱讀，沒有一點問題。

在我們學校，一本小學語文課本都沒有。一年級課本、二年級課本、三年級課本都沒有。除了老師之外，我懷疑有多少大人讀過這些課本。它們全都無聊透了！現代的孩子看多了電視，要他們再讀這些課本，當然會覺得無趣了。我從來沒有看過哪個孩子會自動拿起課本，趣味盎然地讀起來。

事實上，我們學校根本不在意閱讀這件事。很少有孩子要求大人協助。每個人似乎都有自己的一套方法。有人聽別人唸故事書，記住了，慢慢也就會念了；有的人讀食物包裝盒上的字；有的人讀遊戲說明；有的人讀街上招牌。有的人由字母發音入手；有的人由拼字入手；有的人整個字整個字地學。老實說，我們根本不知道他們是怎麼學的，他們也不會解釋。有一次我問一個剛學會閱讀的孩子：「你是怎麼學會的呢？」他的答案是：「很簡單呀！我學會了『來』，又學會了『去』，然後就都會了。」

原來，閱讀就像學說話一樣。我們並不叫孩子去說話課學說話，這可能是因為在他上學之前便已經學會說話了。如果一歲孩子也得上學的話，恐怕大人真的會開說話課，也會產生一大堆「說話障礙」的孩子了。極少數的小孩會有生理上的說話困難，絕大多數的孩子不知怎麼地也就自己學會說話了。

為什麼小孩要學說話？因為嬰兒的四周充滿了說話的大人，小孩自然地想加入那個說話的世界。試試看去阻止他們！小孩學說話的決心和毅力是驚人的。

在瑟谷，閱讀也是一樣。不用管他們，孩子自然會發覺：文字是開啟知識寶庫的祕密鑰匙。好奇心會引領他們，使他們熱情地學習文字。

而且文字的學習比說話容易多了。這時他們年紀比較大了，也比較有經驗了。他們知道語言是什麼、如何運用、字的意義是什麼。學習閱讀比學習說話容易多了。

書寫則是另外一回事。

很多孩子不但想寫，還想寫得好看。他們會找大人教他寫字的藝術。就像繪畫或刺繡一樣。

把寫字當成手藝是有點奇怪。很多小孩子花好幾個小時練書法，卻連那些字的意思也不知道。

我常問他們：「如果你不認得字，幹什麼要學怎麼寫呢？」

答案往往是：「因為漂亮呀！」

有些小孩寫了半天字，又對別的東西產生興趣，丟下來不再練了。過了好多年，他們終於學會閱讀，又得重新學一遍書寫。

我想要再次強調。在瑟谷，從來沒有一個孩子被逼著學讀書，也沒有人威脅利誘、或勸說、或說之以理，讓孩子開始學習閱讀。我們從未遇見過一個閱讀障礙的孩子，也沒有一個畢業生是文盲。八歲、十歲的文盲很多，偶爾也有十二歲的文盲，可是畢業的時候，他們都會讀書了。看到年紀大些的學生，你絕對猜不出他是幾歲開始讀書的。

6 釣魚

每年六月，約翰都會來學校和我談一談他的兒子。約翰是個溫和聰明的人，對兒子丹的學習十分支持。丹是瑟谷的學生。

可是約翰同時也有點擔心。不是過份擔心。只是需要每年來一次，重新肯定一下。

我們的對話通常是這樣子的。

約翰：「我知道學校的教育理念，我明白。可是我必須得跟你談談，我很擔心。」

「有什麼問題嗎？」當然，我早已知道問題何在。他也知道。這只是個儀式而已。因為連著五年，我們年年有一模一樣的對話。

約翰：「丹在學校整天釣魚。」

「這有什麼問題嗎？」

投入熱衷事物的孩子將能學會堅持興趣，學會自由選擇自己的興趣，隨著自己的興趣走，並且學會快樂。

約翰：「整天釣、每天釣，秋天、冬天、春天。他只知道釣魚。」

我等著他說下一句。那一句會是我開始演說的序曲。

約翰：「我擔心他別的都不會。他長大以後，什麼都不會。」

這時輪到我發表一場小小的演說，這正是他來見我的目的。我會說：沒有關係。丹學了很多。首先，他已經是釣魚專家了。他比誰都了解魚——魚的種類、棲息地、行為、生理、喜好。同齡兒童誰也沒他懂得多。也許他會成為一個偉大的漁夫，也許他長大了會寫出一本有關釣魚的經典之作。

到了這時，約翰會有點坐立不安。他不是個勢利眼，可是兒子當漁夫這件事，他還是不太能接受。我繼續說，越說越進入主題。

我會說，丹也學到了別的事情。他學會堅持興趣，他學會自由選擇自己的興趣，隨著自己的興趣走。而且他學會了快樂。

事實上，丹是學校裡最快樂的孩子。他總是在微笑。每個人，不論男女老少，都喜歡丹。

現在輪到結論了：「沒有人能拿走這些東西。有一天他若對釣魚沒興趣了，他會用同樣的態度面對別的挑戰。不用擔心。」

約翰會站起來，謝謝我，然後離開。明年又會再來。但是他的妻子唐恩從沒來過。她對瑟谷滿意極了，因為她的孩子很快活。

終於有一年，約翰沒有來和我談話。

那一年，丹不再釣魚。

十五歲時，丹愛上了電腦。十六歲時，他成為附近一家電腦公司的維修專家。十七歲時，他和幾個朋友開了一家電腦公司。十八歲時，他自瑟谷畢業，到大學念電腦去了。大學學費全是他自己賺的。大學四年中，他都在電腦公司兼差。

丹一直沒有忘記釣魚得到的教訓。

許多有關釣魚的書，都說釣魚是件多麼美好的事。我們確實親眼見到，孩子們愛釣魚。釣魚有挑戰性，又讓人放鬆。釣魚是在野外——晴雨不計。站在學校小湖邊，周圍全是樹木、流水聲。所有的孩子都能感受到那份美感。

釣魚也是一項社交活動。他們總是和朋友一起釣魚，或是跟大人學。每一年都會有一批五、六歲的孩子開始綁釣線。

釣魚也適合隱士。你可以自己一個人釣，沒人來吵你。常常有人拿了釣竿在外邊混一整天，獨自想心事。

釣魚是我們學校生活的一部分。我常想，學校有個小湖是多麼幸福的事。

丹是學校早期的學生之一，他使我思考學校的意義與目的。所以當我的小兒子開始整天釣魚的時候，我完全不在乎。一切再熟悉不過了。

我相信他很清楚自己在做什麼。

7 諾亞方舟

買校舍的時候，我們好高興有個馬廄和穀倉。它們又漂亮，又可以用來養動物。

剛開始還好。茉莉問可不可以用我們的馬廄教孩子們騎馬。我們為了細節討論了好久，但是從來沒有想過不要養馬。一九六八年七月一日學校創立時，我們就有騎馬課了，學生只需要多繳一點點費用。

七月二日，我們發現茉莉搬進穀倉裡住了。她沒別的地方可去！穀倉裡既沒有廁所，也沒有廚房，堆了一堆她的行李，令我們開始感到不安。

馬廄裡的馬也沒有好好保持清潔，每一天，馬糞在牆邊越堆越高。不但又髒又臭，也不符合消防規則。

創校期間，百廢待舉，我們實在顧不到這麼多事。還好，反正學生連馬和河馬也分不清。茉莉收不到多少學生，收入不夠應付開銷，她很快地離開了。

可是她的影響仍在。

威爾遜家的孩子說：「我們要在馬廄和穀倉裡養山羊。」他們在校務會議中極力爭取支持。我們想出各種理由來阻止他們。

我們說：「你們在放假的日子和週末得來照顧動物。」

他們回答：「沒問題。」他們一共四個人——三男一女，他們會分工合作。

我們說：「你們不知道怎麼養羊。」

「誰說的？我們會查書，而且我們幫別人養過羊。現在我們要養自己的羊。媽媽會幫忙。」他們的媽媽是學校的老師之一。

好吧，我們想，這也是一種教育。

他們真的學了不少東西。可是問題也有一大堆。首先，我們不能隨意走動了，美麗的草地上全是山羊大便。每次威爾遜家的孩子帶羊去散步，就留下一堆羊糞。臭是不臭，但你也不會想一屁股坐在羊糞上。

還有，那些羊老是要逃跑。羊是很活潑、很頑固的動物。每個星期，牠們都至少會脫逃一次。現在回想起來，我不確定是否全屬意外。山羊脫逃是多麼精彩刺激的事啊！每個人都跑出去捉羊，或者是看熱鬧。一片吵嚷、奔跑、尖叫之後，羊總是被抓回來。有時候羊會跑出校區，使學校與社區的關係陷入緊張狀態。

最後，威爾遜家的孩子玩膩了。我們則是早就受不了啦！

然後是養兔子。

他們說：「我們要養很多兔子賣錢。」這回是威爾遜家的三個男孩和朋友安迪。他們自稱為「威爾遜幫」。

我們提出所有的反對理由，一點用也沒有。我們知道必輸無疑。

他們會照顧動物。兔子是養在籠子裡的——逃不了。我們確定不會又看到一大堆人捉兔子，因為兔子一旦脫逃，是不可能抓得回來的。

穀倉成了兔子養殖場。直到威爾遜幫又玩膩了兔子。

這些孩子對動物的負責態度有時令人動容。像是那次一九七五年的大風雪，路都封住了，商店及學校也都關門了。要瑪姬帶克利斯和艾美去馬廄照顧動物，根本是不可能的。

他們求個不停：「媽媽，拜託嘛！山羊需要喝水吃草。」

她說：「不可能的，車子根本上不了路。」

二話不說，這兩個孩子走了七英哩路到學校去。山羊吃飽喝足了，六個小時後，艾美和克利斯終於回到家。他們的媽媽白擔心了半天。

穀倉整修過了，不再養動物。馬廄仍在，還可以養馬。將來仍會有學生起意要養些動物。直到有那麼一天，小孩子對動物完全失去興趣為止。

8 化學

任何流行都會過時。

我小時候，聰明的孩子總是在玩化學儀器和在地下室裡搞化學實驗。偶爾，我們會聽到爆炸聲——又有人搞砸了！

到六〇年代末期，化學不再流行了。雖然我們學校有專業化學家漢娜駐守，從來沒有孩子要求她幫忙設置化學實驗室。

創校時便沒有化學實驗室。這種情況維持了許多年。

直到有一天，一小群學生得了化學癮。我們得想點辦法。

那時什麼經費也沒有。七〇年代初期，我們仍在苦苦掙扎。實驗設備都太貴了，如果我們真的購買實驗室所需的一切設備，所費將超過創校以來全部的開銷總和。

漢娜以前在麻省理工學院做過生化研究，她還有很多朋友在各大學任

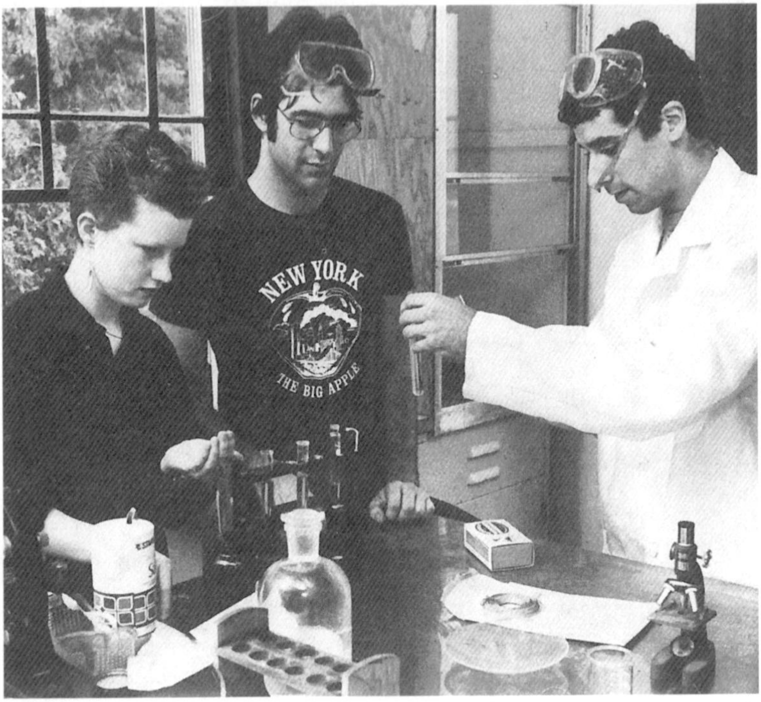

漢娜向在大學任教的朋友們索取了年度報廢的實驗室用品，拼湊出瑟谷第一間實驗室！

教。她還記得實驗室運作的方式。每一年，許多人開始做新的研究題目，買很多新的設備，很多舊器材都被丟掉。

她決定向人索取這些「廢棄品」。漢娜寫了一張清單，很有耐心地詢問各地的化學系和生物系。幾週後，全部設備都齊全了。

這些可不是一般中小學用的東西。這些全是一流專業的真貨：實驗桌、水槽、櫃子、玻璃器皿、顯微鏡、椅子……。我們只買了滅火器、防火毯、風扇和一些木板來建化學抽風箱。我們其實也要得到化學抽風箱，只是它們都太大了，不好用。

設立實驗室花了好幾個月的時間。政府派人來檢查，批准使用後就開張了。

化學至今已不是個熱門學科。每一年，孩子們都只偶爾用用實驗室。但是至少用起來很有專業的味道。

有些化學實驗不是在實驗室裡做的。

有一天，我聞到一股奇怪的味道，不知道是什麼。我從來沒聞過這種味道。很淡，可能是地下室傳來的。

我到處問別人。有沒有人聞到怪味？沒有人。有些人開始坐立不安。威爾遜幫的那幾個男孩故意眼睛看著天花板，一副忍不住要笑的樣子。

我猜他們又在搞新花樣了。果不其然。

地下室後面，沒有人去的角落裡，他們建了一座沼氣槽！

當時是七〇年代中期，全世界都處在能源危機中。大家都在討論能源：水力發電、太陽能發電、海潮發電……甚至垃圾發電。製造可燃氣體的最有效來源是什麼呢？——動物大便！

我以前就很奇怪，威爾遜幫怎麼處理他們的兔子大便。現在我知道了。他們花了好幾星期，建了這座沼氣槽。兔子大便堆在發酵槽裡，產生的沼氣蒐集在沼氣槽中。很簡單的設計。若不是兔糞味道傳出去了，這還不知道會持續多久呢！

威爾遜幫並沒有瞞著任何人。他們問過大衛了。大衛負責和政府工務局檢查員打交道。大衛不懂化學。孩子們很小心地解釋過了，但是顯然只解釋了一部分。我們不能怪大衛。會是巧合嗎？他們沒有讓任何受過科學訓練的大人知道這件事！

沼氣槽馬上被拆掉了。可惜我們始終不知道這個沼氣槽能夠產生多少能源。

9 廢物利用

建沼氣槽的材料全部來自於瑟谷市立廢棄物處理廠。四架割草機也是從那裡撿來的。還有腳踏車、汽車、高爾夫球車……全部都是威爾遜幫撿了材料來，拼湊而成的。每個星期，漢娜開車帶威爾遜幫到廢棄物處理廠去蒐集材料。

廢物利用的觀念深植於瑟谷。我們總是弄不懂，既然有這麼多免費的好東西，幹麼還要花大錢買。

創校時，我們需要大量傢具：桌子、椅子、沙發、燈、地毯。既然經費不多，我們都是去跳蚤市場裡找。

有一天，我們正在法明罕的一家店裡找東西。我們告訴老闆路易我們是誰、需要什麼。

他說：「我簡直不能相信！你們買下那幢房子的半年前，房主才把傢具通通賣給我。好多傢具，都還很好的，堆滿了倉庫。也沒要多少錢，可是足夠你們用上十年呢！」路易非常同情的看著我們臉上垂頭喪氣的表情。從那之後，路易變成我們的傢具供應商，一有好東西就賣給我們，年復一年。

大部分東西是免費的。家長會把不用的沙發、地毯給我們。有一天，艾倫・懷特跑來了。他正在改裝一幢公寓的大廳，他拿來了一大張完好的地毯。很快地，我們的大廳也有地毯了。

顏色不一定能彼此協調，可是我們把傢具挪動一下，遮住接線的地方，效果也不錯。我們常常為了室內布置吵來吵去。為了傢具和地毯，大人小孩能爭辯好幾小時。有時候還很激動呢！

為了控制這些爭吵，我們組織了一個專管室內布置的委員會。每個人都可以參加。起初叫做「油漆和壁畫委員會」，後來改為「美觀委員會」。其實這個委員會開起會來，那種吵雜紛亂可是一點也不美觀！

免費的東西很多，化學實驗室是其一。鞦韆和溜滑梯是一位工程師為自己孩子親手做的。他過世後，孩子把它捐給我們。暗房設備和圖書也是捐的。我們從未買過冰箱。帳棚也是捐的。

有次聖誕節前夕，學校遭了小偷，掉了兩台打字機。這兩台打字機算是學校裡比較值錢的財產。有一些腳踏車和吉他也掉了，音響也被拿走。真是一個悽慘的節日。

到了一月初，家長捐了一台舊打字機。我去二手貨店找打字機時，和店東聊起來。他同情心大發，乾脆送了我們一台。一年內，又有人捐了兩台狀況更好的打字機，替換掉這兩台。

我們常常有剩餘物資。一開始，我們什麼書都照收不誤。很快地，地下室和閣樓裡堆的書比大學還多。幸好我們不需要花錢請人來運走，我們找了個舊書商來，還賺了點錢呢！

有一陣子我們有一堆冰箱，好像在開電器行。

又有一次，有人要給我們六台巨大的織毛衣機。雖然老舊、但是還好用。原來的主人是開織衣廠的，他認為我們應該教學生織毛衣，賺錢供養學校。這些機器會占去半層樓！我們不得不婉拒了。他始終覺得我們是一群不知感激的懶傢伙。

一個美好的春天早晨，瓊安上氣不接下氣地跑進來，著急地說：「我得找瑪姬一起出去，要快！」

十分鐘後，她們高高興興地回來了。原來瓊安看到人家丟在大門外的四張藤椅，深怕被垃圾車收走了，拉著瑪姬一起去撿。我簡直無法置信：「即使是以我們的眼光看，這些椅子也太破舊了啊！」

她們說：「你等著瞧！」

我等了……也瞧見了。清理之後，這四張藤椅煥然一新。她們真是有眼光。兩個小時內，鋼琴室多了一套漂亮的新椅子。

這就是我們的工作。

10 特別開支

當然，不是所有的東西都是免費的。有的東西連便宜也談不上。原來的烤箱看起來像古董。我們沒丟掉它，怕萬一有人要上烹飪課。結果是每一年都有一大堆孩子要學烹飪。老師群中有一位大廚級的人物和好幾個一般級的好廚子。也就是說，烹飪在瑟谷一向是大事一件。瑪格麗特·派拉——我們的主廚，還寫了一本瑟谷食譜，發行了好幾千本呢！

好幾位畢業生後來去餐館當學徒，成為大廚。

這讓我想起那個烤箱。我們很快就覺得它不敷使用了。它不但老舊，還吵得很。沒有人想再買個二手貨。一個老古董已經夠了。

很顯然的，我們需要「特別開支」。我們需要買兩個大烤箱。可是學校經費裡沒有這項開支，絕對勻不出這麼多錢來。

特別開支需要特別程序。所有對烹飪有興趣的人聚在一起，不分大人小孩，舉辦了好幾次點心義賣來籌錢。

感恩節點心義賣只是個開始。價目表和訂貨單發給各個家長。賣得很成功，每個人都學會了大量生產。

然後是聖誕節義賣。一家超商讓我們使用場地。一群學生整夜在我家烤食物——麵包、蛋糕、餅乾、小點心……簡直是堆積成山了。早上拿去賣，到下午一點全賣光了。

整年裡，我們在校內舉行了多次餅乾義賣。收入不多，但是還算穩定。偶爾也有三明治義賣、沙拉義賣、午餐義賣。

復活節又辦了一次大型義賣。錢終於存夠了。從此開始了瑟谷「特別開支」的籌款傳統。

通常，有人向校務會議要錢的時候，反應會是：「如果你真想要買這東西，你就應該努力籌錢。」一向如此。有時候得籌全部經費，有時候只需要籌一小部分。大多時候，學校會付一半，自己再籌一半。

這種作法使得學校裡經常有好東西吃，因為義賣的食物必須好吃才會有主顧上門。籌來的款項買過運動器材、暗房設備、牛皮工廠、音響……。有時候籌款的方式不同。例如有次是四個學生為了木工設備，幫學校割草。

籌款活動這麼成功，校友會也決定插上一腳。每年，他們會問學校還需要什麼。第一年買了台電腦，然後是印表機、書架、地毯、傢具、穀倉修理……。

校友會在法明罕鎮上舉辦過週末跳蚤市場籌錢。比較大的活動是學校拍賣大會。學生、家長、校友都捐贈物品或個人服務，讓學校拍賣。他們也都熱心購買拍賣物品。拍賣是皆大歡喜的社交活動。

提供拍賣的個人服務項目真是琳琅滿目，讓人充分認識大家的才藝。一位律師提供寫遺囑的服務；一位建築商提供重新改建的諮詢服務；一位造船商提供「全家海上一日遊」的服務；學生提供掃院子和看小孩的服務。

如此這般，學校的特別開支就有著落了。

這種方式是有傳染性的。有一天，三個愛釣魚的孩子決定買條船。這需要很多錢。他們想到了廣受歡迎的餅乾義賣。

問題是：這不是學校要買船，是私人要買船。

三個人想了又想，終於在校務會議中提出來：「我們舉辦一個私人性質的餅乾義賣，分給學校十分之一的收入。」

於是開啟了私人籌款的先例。這些生意並不大，但是對當事人來說可是大事一件。

他們買了一條船。後來又買了拖車、馬達。學校則多了個良好傳統。

11 流行風

瑟谷是一所很「酷」的學校。

我們不排課程，一切都跟著學生的興趣走，因此，我們總是跟得上流行，非常前衛的流行。

七〇年代中期，全美國都在流行牛皮飾件。我們的青少年馬上被感染了。木工老師吉姆·納許正好也是一位牛皮手工專家。

吉姆和孩子們向校務會議提出申請，要把一間普通教室改裝成皮件工廠。他們來了一大群人，極力爭取。皮件社團於焉成立，監督該廠的一切細節。

他們花了許多時間研究要怎麼設立工廠，怎麼省錢。學校出了些錢，又募了些款，工廠很快就設立起來。

我們設計了一個新的會計系統，十分有效，後來廣泛應用到別的社團。皮件工廠像是一個小型商會，學校提供一筆貸款做為種籽款項。這筆錢用來買牛皮材料、金屬配件、鈕扣和其他小玩意兒。這些東西用批發價買進來，加工之後賣給使用的人。貨物進出都是榮譽制度。孩子們做了很多皮帶、皮夾子、皮鞋、小背心、手環、皮褲……，用掉了許多材料。資金開始流入，還了學校的貸款後，還可以買更多材料。甚至有足夠的錢買比較花俏的用具。

皮件工廠一度是學校最熱門的地方。每天都有十幾個人在那兒工作，一做就是好幾個小時。聖誕節前更是人擠人，連坐的地方都沒有，因為大家都來為親朋好友打造皮件禮物。

來得快，去得也快。手工皮件一下子就褪流行了。這股退燒冷流傳遍全國，也傳到了瑟谷。幾年後，沒有人要去皮件工廠了。完全沒有人使用它。

工具收起來了，材料也賣掉了，工廠又變回普通教室。沒什麼大不了的。每個人都了解，人的興趣是會變的，只要跟著變就好了。

類似皮件工廠的事件層出不窮。有時候是受到全美國流行風的影響。和別處一樣，我們也流行過電動玩具、霹靂腰包、溜冰、東方宗教、體操。有些流行一直不退燒，變成瑟谷的傳統。電腦流行起來之後，我們也用義賣的收入買了一台。年復一年，許多孩子學會使用電腦。這台蘋果牌電腦用了五年，我們又買了一台更好的電腦給行政室使用。很多懂電腦的學生改用這台。

有些時事會吸引住全校的注意力。水門事件（Watergate）那陣子，電視上每天都有公聽會的轉播，直到尼克森總統下台。全校都在看電視，沒有任何電視劇比水門報導更引人入勝了。一些年紀大的學生弄了台老舊的十九吋黑白電視，放在最大的房間看。年紀小的孩子很快地加入了，老師們也偶爾加入。一週又一週，水門報導教孩子們政治學、美國歷史和時事。學生的注意力和吸收力都達到巔峰。

我記得自己當時想過：除了瑟谷，還有哪裡會有這種事？全國的學生都必須跟著進度學習，只有我們可以沈浸在活生生的歷史中。在瑟谷，我們不必等到三、四年之後，才在教科書裡學習水門事件的歷史意義。到那時候，孩子們早就沒有興趣了。

水門事件過後，一切恢復正常。沒人知道要拿那台電視機怎麼辦。有一、兩年沒人看它。然後壞了。我們也沒再買一台，直到伊朗（人質）危機發生。

12 社團

志同然後道合。具有同樣興趣的人總喜歡成立某種組織，來舉辦各種活動。我們也不例外。

別的學校設有俱樂部或劃分科系。我們不喜歡那麼做。那些聽起來太缺乏彈性了，好像必須一成不變似的。瑟谷的教學必須具有極大的彈性。六〇年代早期，我在一所大學的物理系任教。在此之前五十年，物理系顯然是個熱門科系。四層樓建築中，物理系就占了一整層。我去的時候，一千個學生中只有五個念物理，而且都在街的另一頭上課，可是物理系仍然占了那一整層樓，房間都是空的。別的科系卻因為空間不夠，正在蓋新的大樓。我在別處也常常看到這種僵硬、浪費的規劃。

我們不要分科系。那怎麼辦呢？我們決定辦社團。社團由校務會議指定成立，獨立運作，只有申請經費或設備時才經由校務會議批准。任何人

瑟谷的社團有幾個特點：開放給每一個學校成員，經由民主程序運作，任務達成即可解散。

都可以加入社團，選出社團主席來主導一切。

社團有幾個特點：開放給每一個學校成員，經由民主程序運作，任務達成即可解散。

校務會議一旦決定可以成立社團，大家就忙起來了。舉凡各種興趣、各種活動，都要成立自己的社團。幾個月內，我們有了美術社、陶藝社、音樂社、合唱團、牛皮飾件社、露營社、登山社、化學社、遊戲室管理社、木工社、電影音響社、攝影社……等等。我們全都摩拳擦掌、準備大張旗鼓一番。

一開始，大家以為社團會比較容易拿到經費。私人開支在校務會議上一向很難過關，很多人以為社團聽起來這麼正式，一定很容易要到錢。這個希望很快就破滅了。申請經費時，社團也一樣難以過關。

過了一陣子，塵埃落定，大家習慣了下來。有些社團始終不太穩定。電影音響社一開始吸引了很多注意，很多孩子喜歡電影、音響和錄影機。後來大家又沒興趣了。有那麼許多年，這個社團只有一個成員，自命為主席。這倒無所謂，我們並沒有規定社團至少要有多少人。開校務會議時就不同了。這位電影音響社的主席再怎麼說也只是一個人，我們很難讓他代表整個社團要這要那的。多年之後，有許多人對音響設備產生興趣，這個社團再度成為熱門社團了。

有的社團有很多團員，有的只有一個人。牛皮飾件社最熱門時有十五個社員。木工社通常有十來個人。攝影社則不一定，要看當時流行不流行。烹飪社總是有一大堆人。

有些社團負責行政工作。老師人力不足時，資源社負責找尋客座代課老師。有些代課老師從此待了下來，成為正式人員。另外還有圖書館管理社和出版社。出版社負責發行學校出版的書。

許多社團經不起時間考驗而消失了。第一個消失的是牛皮飾件社。遊戲室管理社維持了幾年才解散。電玩社熱門了好久才壽終正寢。各種美術社最後合而為一。

體育社關閉過好幾回，又都起死回生，捲土重來。一開始由一大群運動健將熱心組成，後來他們發現打球是一回事，管理運動器材是另一回事。體育社就此結束。後來另一批小孩極力遊說，答應會好好認真管理。這一批維持了一年之久。體育社第二次完蛋。幾年後，又來了一批不同的人，很有把握地、肯定地堅持要求，他們一定會認真負責。校務會議給了他們一些經費，然後等著看好戲。他們也只維持了一年。現在體育社已經步入第五代管理了。有人總是不死心。也許戶外活動就是難以維持秩序吧！

13 個人帳戶

不只是社團有開支。個人也需要買東西。烹飪、做牛皮飾件、洗底片、塑陶……都需要付材料費。

最開始是廚房。起初每個人自己帶材料來，但是大家馬上覺得不對勁了。除了太麻煩之外，人們常常忘東忘西的帶不齊全。於是變成集體購買。

採買沒問題，問題是孩子們老是忘了帶錢。沒忘記帶的則往往需要找零錢。還有帳單。真是麻煩透了。

我們有了個新主意。

「每個人可以擁有私人帳戶。」我們開家迷你銀行。每個人的帳戶裡都可以存錢、領錢。

我們也找到便宜的收據本子，看起來很像支票。太棒了！私人帳戶還有支票可開！每週對帳，完全不需要帶現金了。

我們的實際作法在開始時稍有不同。我們每一年給每個人十塊錢做零用金。我們說：「這十塊錢是由你們學費裡拿出來，讓你們買材料用的。如果你需要更多錢，就得自己拿來存。」

聽起來很好，可是行不通。很快地，我們學到了「白吃午餐」的人性心理。

孩子們一旦發現自己有十塊錢可花，他們就開始亂花一通。以前一毛不拔的孩子，現在想盡辦法花錢。大家都覺得不花白不花，不花是傻瓜。

基於瑟谷的自由精神，我們並沒有規定什麼項目可以花錢，什麼項目不可以花錢。「如果是私人帳戶，就是私人帳戶，他們必須自己下判斷、自己決定要怎麼花。我們不干涉。」當然我們都知道大家買些什麼，帳目都是公開的。

有人開始買熱門音樂唱片。我想許多人開始感到不安，唱片似乎並不算是教育器材。不久之後，又有一項開支引起我們的注意：比薩餅。我們受夠了。在校務會議中，絕大多數的人同意，學校不應該提供這種白吃白拿的服務。十塊錢零用金自此取消。

個人帳戶則一直流傳了下來。社團用批發價進貨、社員用自己的帳戶支票付款使用。如此一來，材料不但比較便宜，盤點起來也比較容易了。

我們也偶見超支的帳戶。有些支票會被退票。就像外面的世界一樣。

14 烹飪

新出爐麵包的香味瀰漫全校。大家逐漸向廚房集中，等著吃麵包。瑪格麗特・派拉正在切厚厚的麵包，賣給大家。收入歸烹飪社所有。牛油免費。

終年可見這種景象。麵包、比薩餅、蛋糕、水果派、餅乾……由瑪格麗特手中，進到大家的肚子裡去。

不是每個人都只顧著吃。她有很多助手。有時候孩子們會主動要求她教他們做這做那，有時候她會貼個公告，說星期二會做什麼，有興趣的人可以報名。

何等景象！有時候是一群小不點，七、八歲而已。有時候是一群青少年。大部分時候是混齡的，大大小小的孩子一起工作。酷的孩子、書呆子的孩子、靈巧的孩子、笨拙的孩子、有學問的孩子、不用大腦的孩子……

終年可見這種景象。麵包、比薩餅、蛋糕、水果派、餅乾……由瑪格麗特手中，進到大家的肚子裡去。

都來跟瑪格麗特學烹飪。如果他們付錢一起買材料，他們就可以把成品帶回家——例如一頓義大利晚餐、一些甜點。否則的話，就開放給全校吃，烹飪社趁機賺點錢。

瑪格麗特由創校開始，在瑟谷待了十六年才退休。她是個很棒的廚子，也是個很棒的老師。最吸引人的是她的智慧。她生長於美國中部，嫁給軍人，在三〇、四〇年代隨著軍隊駐防世界各地。在那個時代，軍隊對眷屬的照顧很有限，她一切要靠自己，磨練得異常能幹。除了熟悉軍隊運作之外，她也熟悉人性的種種。

孩子們愛死她了。每個人都喜歡瑪格麗特。最有問題的青少年也拿她當好朋友，她會和他們一起抽菸喝酒，真心對待他們。他們做錯事的時候，瑪格麗特也會說說他們，但是她總是很尊重他們。她對六歲小孩的態度也一樣，拿他們當小大人看待。不收拾善後的人，總會聽到瑪格麗特用她那特大號嗓門吼起來，誰也不敢不聽話。

對瑪格麗特而言，人生樂事莫過於吃。我們真是吃得不亦樂乎！她什麼都會做。烹飪是瑟谷最受歡迎的活動，年復一年，月復一月。這全是因為在瑪格麗特的領導之下，學校發展出了精益求精、埋頭苦幹的烹飪精神。

工作起來，瑪格麗特絕不放水。不管年紀多小，每個人都得認真工作。每個人都得削蘋果皮、量稱材料、混合材料、注意烤箱、洗盤子、擦桌子。每個人都可以拿東西、放東西。在她的監督下，廚房總是乾乾淨淨的。

除了瑪格麗特之外，別人也教過烹飪課。經過烹飪社核准使用廚具的小孩，常常自己做東西吃。別的老師也會組織烹飪活動。有時候還有系列活動，例如烤麵包課、中國菜烹飪課、基礎烹飪課……。

有時候會看到一些比較奇特的烹飪。非常奇特。例如芭芭拉，她喜歡健康食物——非常非常健康的食物。這可不是開玩笑的，不是偶爾用些全麥麵粉而已。芭芭拉絕不使用任何糖、只用新鮮蔬果和自然五穀，而且盡量不用任何烹飪方法。只有她會想到用全麥麵粉做無糖蛋糕。

不管年紀多小，每個人都得認真工作。每個人都得削蘋果皮、量稱材料、混合材料、注意烤箱、洗盤子、擦桌子。

芭芭拉很有人緣。每次她貼了告示開烹飪課，都有一大堆人報名。他們喜歡跟她在一起。有時候，他們會發現烹飪是個挑戰。有一次他們做了一大堆看起來像巧克力餅乾的東西，裡面含有小麥、蕎麥、向日葵子、大豆粉……而且沒有放發粉和糖。嚐起來可一點也不像巧克力餅乾。

每年六月我們會做冰淇淋，用的是老式的手搖機器。這個傳統也是從瑪格麗特開始的。她小時候在農場上長大，就是這麼做冰淇淋的。材料運來的時候，總是引起騷動——鮮奶、冰塊、粗鹽。孩子們輪流搖機器，一搖便是幾個小時。搖到後來比較硬了，就讓大孩子接手。做好之後，廚房門口一定大排長龍。悶熱的夏天裡，吃冰淇淋真是人生一大樂事。就連收拾善後也不那麼無聊了。

15 混齡制

「混齡制」是瑟谷的祕密武器。

我從來不明白為什麼學校要分齡上課。在真實社會裡，人們並不以年齡分組工作。同齡孩子的能力和興趣也不一定相同。

我們發現把孩子不分齡的放在一起，會自然混齡，就像社會一樣。

我教怎麼做三明治的那次，學生從十二歲到十八歲都有。烹飪課最常見到混齡現象。後來我教現代史的時候，十歲的艾卓安擠在一堆十六、七歲的大孩子裡，一起聽課。

原則始終如一：想做什麼就做什麼，興趣最重要。有些課需要技巧，年紀小的孩子常常技巧反而更好。

孩子們學習速度不同的時候更有趣。他們會互相幫忙。他們必須如此，否則進度會太慢。他們願意如此，因為他們不需要彼此競爭成績或小金星。他們喜歡如此，因為幫助別人學習是非常有成就感的樂事。

這種景象令人異常感動。學校到處充滿了混齡活動。

混齡也滿足孩子的某種情感需求。十六歲的大孩子和六歲的小孩子擠在沙發上，唸故事書給他聽。這可以滿足大孩子照顧別人的心理需求，而且也讓小孩子覺得舒服、安全——身邊充滿了大人和大孩子照顧他。相對地，一個十二歲的小女孩教一個十六歲門外漢如何用電腦時，也會覺得非常自得。

社交層面也是混齡的優點之一。孩子們第一次舉行舞會時，我想像著滿屋子「壁花」。這是我的個人投射。初中第一次參加舞會時，我的老師叫男生站一邊，女生站另一邊，一切都完了。

孩子們讓我們吃了一驚。每個人都來了，每個人都跳了舞。年紀相差一歲的、十歲的，都一起跳。首獎得主是一個十歲女孩和一個七歲男孩組成的那一對。每個人都玩得很盡興。時光流逝，小孩子變大孩子，這個傳統卻從未改變。

混齡滿足了孩子的某種情感需求。滿足大孩子照顧別人的心理需求，而且也讓小孩子覺得舒服、安全——身邊充滿了大人和大孩子照顧他。

小孩子會模仿大孩子，甚至會崇拜大孩子。有時候大孩子的行為會變成負面示範，我們的兒子麥克十八歲時跟我們說：「我真高興自己小時候總是和青少年混在一起。看過他們的例子之後，我就不用浪費時間做那些沒有意義的事了。我知道什麼有用、什麼沒用。」

大孩子也會受小孩子影響——他們好像是家裡的弟弟妹妹一樣。雪倫四歲來瑟谷，她沒有父親、也沒有母親。頭一年，她變成學校裡每一個人的「孩子」。大家唸書給她聽、跟她玩、和她說話、擁抱她。校友帶著小孩來看我們的時候，這些青少年和小孩一玩就是幾小時。

至於學習層面。小孩喜歡跟其他孩子學習。這樣比較容易。其他孩子不久前才學過，教起來比較了解困難在哪裡。不像大人，都已經忘記自己小時候是怎麼學的了。孩子的解釋往往更簡單、更清楚。他們也比較不會給人壓力、不會批評。而且孩子們都會想快快學會，好跟別的孩子一樣。

孩子也喜歡教別人，這使他們有成就感。更重要的是：教別人使自己學得更徹底。他們必須自己弄懂了、整理好了，才能教別人。所以他們會努力弄清楚，才能跟別人說清楚。

混齡是我們的祕密武器，大大提高了我們學校的教學效果，使得學校成為一個有人性的、真實的、有活力的學習環境。學校好像是一個小社區，每個人都互相學習、互相幫忙、互相教導、互相糾正——互相分享生命。我很喜歡這種氣氛。

大人也可以向孩子學習。漢娜寫過一篇文章〈大樹〉，是最好的示範：

今年秋天，一個秋高氣爽的早晨，我第一次「看見」了學校前庭的大樹。我在瑟谷十八年了，這麼說起來是有點奇怪，但是我是說真的。每年秋天，我看著大樹的葉子變紅、掉落，樹幹光禿禿的伸向藍天。每年春天，我看著新葉子長出來，先是粉紅的新芽，然後變成一片深綠。我也看著一代又一代的孩子爬上這棵大樹，越爬越高，有時候爬到樹頂，一坐就是好幾小時。可是直到今年，我才真正了解、真正看見了這棵大樹。做為

在樹上，我才發現這棵樹有多美。我無法形容這些巨大的樹幹、溫暖的空間，以及我的感動。我才明白，這是我第一次真正「看見」這棵樹。

一個大人，我不了解這棵樹，直到一個小女孩教會了我。事情是這樣的。

有一天，雪倫很快樂地告訴我，她學會爬樹了。她說是喬伊絲教她的，她也要教我怎麼爬。我跟著她走出去，因為太陽照得正好，滿山的秋色引人陶醉，地上的落葉閃著金光，我不想讓一個小女孩失望。雪倫告訴我怎麼爬樹，要我照著做。我幫過很多小孩爬上去，也幫過很多小孩爬下來，可是我自己從來沒爬過。

雪倫不肯輕易放棄，我知道如果要她對我保持好感，我必須乖乖地爬這棵樹。她很有耐心地一步一步教我，哪裡放腳、如何爬上爬下。我第一次爬上了大樹。

在樹上，我才發現這棵樹有多美。我無法形容這些巨大的樹幹、溫暖的空間，以及我的感動。我才明白，這是我第一次真正「看見」這棵樹。大人總覺得自己比孩子有知識，孩子需要學習、需要教導，但是我相信瑟谷的每一個孩子都比我更明白這棵樹的美，而我們大人卻忽視了天天在眼前的美景。雪倫是個好老師，我會永遠珍惜她教我的這一課。

丹第一次釣魚便迷上了，他天天釣魚，連著釣了三年。

16 遊戲

一個村莊逐日成長了。美術教室的大桌子上，粘土做的模型簡直能以假亂真。

六、七個小孩在桌子旁，一面聊天、一面做模型，一做就是好幾小時。他們想到什麼就做什麼：馬、樹、車子、卡車、動物、柵欄、人們……。而且做得非常好。例如每一輛車子的引擎蓋子都可以拿下來，裡面真的有一個引擎。汽車還不到一個手掌大。人物大約有一根手指長，有衣服、有表情。屋頂上有屋瓦、牆上有門、屋子裡有桌子、椅子。

全都是粘土做的。他們努力工作了兩年。這是一場重要的遊戲。

沒有人敢說這一群八到十四歲的男孩子是在做美術作品，他們會很生氣的。沒有大人幫忙他們。對他們而言，這全是遊戲。很認真的、專注的遊戲，沒有限制的玩耍。

學校裡每一代的孩子都有自己的俱樂部。通常是九歲、十歲的時候開始，偶爾有幾個小一點的跟班。每個俱樂部通常維持一、兩年。俱樂部有自己的總部。一開始是樹林裡的一個舊木寮，後來木寮倒了。然後是馬廄裡的一個小房間。接下來是主建築裡的一個衣櫥，但是消防規定不允許他們待在那裡。之後，總部可以是任何「祕密基地」，有著想像的牆和屋頂、地毯、桌椅、儀式、計劃、間諜、守衛。很複雜的一個祕密社會。這些孩子都非常忙碌，非常專注。

遊戲在我們學校是很重要的事。我想，對於別的孩子和童心未泯的大人而言，遊戲永遠是很重要的事。教育專家總是怕孩子遊戲的時間多於學習的時間。偶爾，心理學家會分析遊戲裡的學習價值——例如肌肉訓練、創意訓練、解決問題的方法……或是任何使遊戲聽起來更像學習的藉口。

在瑟谷，遊戲是生活的一大部分，也是學習的一部分。但是他們學到的，不是那些心理學家分析的結論。他們在其中學到如何專心，如何沒有限制的盡情表達，不顧勞累、不急迫地、不用做到一半停下來的專注。他

教育專家總是怕孩子遊戲的時間多於學習的時間，但對於孩子和童心未泯的大人而言，遊戲永遠是很重要的事。

們學到的教訓，會跟隨他們一輩子。

學校裡的孩子，尤其是小的孩子，整天玩得忘了吃、忘了休息。到了下午，他們餓扁了、也累扁了。他們努力工作了一天。

雖然遊戲這麼複雜，用的工具和設備卻很簡單。

創校時期，我們花了很多時間討論，如何由有限的經費中挪錢買「必要的」玩具，尤其是給年紀小的孩子玩的玩具。我們買了一般幼稚園裡有的玩具。

第一年過去了，我們簡直不敢相信。沒有人要玩這些玩具。少數被派上用場的玩具也完全不是原來設計的玩法。

孩子們最愛玩的是椅子、桌子、衣櫃和校園裡的樹叢、石頭、隱密角落。他們最重要的工具就是想像力。

雖然沒有人玩，學校裡的玩具卻有增無減，總是有人捐玩具給我們。十二年後，我們把四分之三的玩具收進紙箱，堆在閣樓裡。閣樓很乾，應該可以放很久不會壞掉。

也有例外。大孩子喜歡玩大富翁，一玩可以玩好幾天。一個叫「危險」的遊戲流行了四年，訓練出一群軍事專家和地理專家。當然還有「地窖與恐龍」也流行了很久，孩子們都有自己的一套小玩意兒。這個遊戲比別的遊戲更容易受到外人認可，因為它比較有「教育性」，例如可以學到中古世紀的歷史。

我們認為遊戲是重要的。我們絕不干擾遊戲。各個年紀的孩子都忙於遊戲。我們的畢業生出去之後，一方面懂得如何全心全力投注在他們要做的事上，一方面仍不忘記如何歡笑、如何享受人生。

17 圖書管理

我以為大家會為了黃膠帶而吵翻了。

為了圖書管理規則，我們已經開了無數的會議。圖畫管理員寶拉很熱切地辯解：

「小孩子的書必須貼上標籤。黃色膠帶最好，最明顯。」寶拉以前做過學校圖書管理員，覺得需要改造我們的圖書管理方式。可是老習慣是很難改變的。

我一直問：「我們為什麼需要貼標籤？難道我們怕小孩子誤讀大人的書嗎？」

大家爭論不休。寶拉擔心小孩子拿了比較深奧的書，會對讀書這件事產生反感。在她看來，大人的世界對孩子而言是有點可怕的，大人需要保護孩子們不受傷害。

對我們大部分人而言，黃膠帶代表了大人對孩子的不信任。再一次證明了大人完全不了解小孩子對世界的好奇，和征服未知世界的決心。

經過好幾個月激烈爭執，終於投票了。黃膠帶輸了。寶拉不久後辭職，連學校第一天開學也沒看到。她始終沒能看到我們圖書管理的實際運作。

其實，說是「運作」有點不正確，應該說是「非運作」。對我們而言，圖書館是一種資源，每個人想得到知識的時候，可以去查閱資料的地方。

令人痛心的是，所有的圖書館都那麼死氣沈沈。首先，我們不喜歡把所有的書全都集中放在一間房間裡。在那裡，圖書管理員虎視眈眈地盯著每一個人，大家都得非常安靜，只能小聲耳語、謹慎走動。我們希望到處都有書，舒服、自在、容易拿到、隨時可以讀，不用借閱。

我們要孩子們隨興拿書看，越多越好。我們不怕書被弄亂了。

最重要的是，我們要有很多好書。人們喜歡讀的好書。

因此我們需要有新的購書方法。老方法似乎不適用。我們不覺得以圖書為業的人會了解各行各業有什麼好書。只有各行各業的人才知道什麼是好書。

我們的方法很簡單，也不費錢。我們要求大家把自己的書捐一些出來。這些書都是各個人挑選過的、有興趣的、有用的、特別的、喜歡的。瑟谷的書一向是由大家這樣捐來的。

當然，不是每本書都是好書。哪個圖書館敢號稱自己的藏書都是好的？挑任何一本書，都可以為了它好不好，吵個不完。至少我們的書都是經過某些人親自挑選和認可的。

很快地，學校的每個角落都塞滿了書。每一年，我們都做新書架來放更多的書。

有時候，書實在是太多，要把我們淹沒了。我們只好賣書。

有時候收到的書實在是太多、太奇怪了。有次我們收到全套麻省立法紀錄，誰也看不下去。也有人送來許多科學文獻，沒人看得懂。我們通常把這些沒人看的書捐出去或賣掉。大部分的書會上架，孩子們會去翻閱。

當然我們也買書。如果某人有特殊需要就提出申請。

七〇年代中期，我們收到教育局的信，裡面有一張支票。政府為了提高全國教育水準，給每一家學校一筆圖書經費。國會大概覺得看書是好事，學校裡應該有更多書。出版商大概樂見其成。

不管需要不需要，這筆錢就在那裡。我們起初想退回去，可是好像不太好。於是我們拿了這筆錢，交給校務會議，供大家買書。美國總統一直換人，政治一下子右傾、一下子左傾。這些圖書經費倒是源源不絕地寄來。

那麼黃膠帶呢？

我們做了一些讓步。小小孩子的書沒有被放在書架高處。它們被放在低處，使小小孩子不需要爬梯子就可以拿得到了。

可是沒有貼標籤。我們不希望哪個小孩在看大人書的時候，有人跟他說：「你在幹什麼！幹嘛偷看大人的書？」
我們也不希望大孩子看小孩書的時候，被別人看到了覺得不好意思。

18 時間表

瑟谷沒有上下課的鐘聲，沒有課表。

任何一個活動要維持多久，都由成員決定。這要看個別需要。時間夠了，就是夠了。

學校每天由早上八點半開到下午五點。有的人早上九點進了暗房，忙得忘了時間，到下午四點才又冒出頭來。

十三歲的傑卡坐在拉坯機前。早上十點半。他開始拉坯。一個小時過去了。兩個小時過去了。四周人來人往。他的朋友去踢足球了，他沒有去。三個小時了。下午兩點十五分，他站起身來。今天沒有成品。拉出來的陶坯都令他不滿意。

第二天，他又去試。這次拉到下午一點，拉出了三件滿意的作品。

十一歲的湯瑪士和納森從早上九點開始玩「地窖與恐龍」的遊戲，一直玩到下午五點。第二天也是。第三天，他們玩到下午兩點，決定暫時不玩了。

九歲的雪莉窩在椅子上看一本書。她回家後繼續讀，連讀三天，直到讀完了。

六歲的辛蒂和雪倫到樹林裡散步。很美的春天。她們一去便是四小時。

丹第一次釣魚便迷上了，他天天釣魚，連著釣了三年。

在琵谷，時間不受管制。時間的使用無所謂「有意義」、無所謂「浪費」。

時間在這裡，是生命內在的律動。生命在進行之中，事件不斷發生與結束，時間就隨著每一個動作往前自然行進。

沒有午餐時間。任何時候，餓了就吃。早上十點半、中午十二點、下午兩點半、下午五點。小熊維尼（Winnie-the-Pooh）的鐘永遠指在上午十一點。牠總是有點餓，總是可以說：「十一點了，可以吃午飯了。」任何時間都可以是十一點，都可以吃點東西。

一年又一年，我看著孩子們照著自己的時間表成長。我看過孩子一下子進步很多，又一下子停頓不前，好像永遠不會再進步了似的。我看過孩子整天做白日夢，然後慢慢地回到現實。

如果學生需要更多時間，我們就把學校鑰匙給他。有的早來，有的晚走，有的週末假日也來學校。

學校完全尊重每個人的時間規律。這一點是不可動搖的。我們讓每個人或早或晚地找到自己。

學生很明白這一點。他們很珍惜這種自主式的時間表。我常常聽到大孩子說：「學校給我時間，讓我找到自己，這是最重要的。」

專心會使人忘記時間。我讀到倫琴（Wilhelm Conrad Roentgen）發現X光的描述時，非常驚訝。倫琴興奮得把自己關在實驗室裡，不眠不休地工作了好幾天，才帶著實驗結果出來。這位沈默木訥的物理學家，為了專注於自己的實驗，連放在實驗室門外的三餐也沒有碰。

時間在這裡，是生命內在的律動。生命在進行之中，事件不斷發生與結束，時間就隨著每一個動作往前自然行進。

天才都具有完全的專注力，往往不會留意時間的流逝。有人會說：「可是那是天才呀！」但是我們在某一方面，也有我們的才能，也有專注的潛力，也需要暫時忘掉外在的時間步調，傾聽我們生命中自然產生的韻律。

個人的時間可以自由，學校的時間卻要求準時。這是對別人的尊重。幾個人若約好了在某個時間、某個地方見面做某件事，準時便是一種義務。他們必須調整自己的時間，以便大家能夠配合。

校務大會於每週四下午一點準時開始。不想去可以不去。但是想去就要準時。課程也都準時開始，否則就取消不上。任何外出都準時出發，遲到的人就不能去。公眾生活中，個人的時間表必須遵守團體規定。

時間的自由使得混齡教育行得通。年紀不再是個問題。六歲大的孩子、青少年、畢業生、老師、家長……都可以互動，人的個性比年紀更能影響彼此之間的關係。科學家尼爾．波爾（Niels Bohr）曾經與十年不見的老友重逢，兩人重拾十年前未完的話題，完全沒有受到時間的影響。在瑟谷，這種情形一點也不稀奇。
在瑟谷，時間是屬於大家的。

19 學習

瑟谷教我們的是：虛心向學。每一天，我們面對自己的無知，與它奮戰，不得不虛心承認自己是無知的。

「學習」本身，便是需要學習的。我們當初踏入教育界時，自以為對教育有所了解。

我還記得自己早年在大學教書的經驗。我懂得自己教的內容，我也讀過心理學和人類發展學。我的學問這麼豐富，我在世界頂端，有這麼多東西可以給我的學生。

現實逐步入侵。首先，我發現學生坐在那裡，看起來好像有興趣，實際上是無聊死了，他們才不在乎。然後我發現他們根本聽不懂我在說什麼。我會說：「這一點很重要，課本上沒有的。」一點用也沒有。考卷收回來，答案全是課本上的那一套。

我讀更多書、更努力了，可是事情沒有改善。我的同事也都有同樣的困難，不管他們努力不努力。慢慢地我明白了，只要學生沒興趣，不管我怎麼教、怎麼威脅利誘、怎樣啟發，都沒有用。我終於明白了一件可怕的事：我們根本不懂學習是怎麼一回事，不管一個人有沒有學習意願。有時候，我覺得學校像是國王的新衣。年復一年，大家自認為是教育專家，努力地提供教育給孩子們。教育不成功，就花更多錢來改進。可是那又有什麼用？不管你怎麼教，孩子想學的時候，自然會以自己的方式學會。

在瑟谷，我不斷看到這種現象。我從來不懂孩子是怎麼學會的。在瑟谷，我們不假裝懂得自己不懂的東西。我們只是在這裡陪著孩子成長。他們要求我們幫忙的時候，我們就幫忙，否則我們只是站在一邊。

這些孩子的學習過程都不盡相同。皮亞傑（Jean Piaget）若是看到了，會大吃一驚。學習階段？認知過程？每個孩子必經的學習階段和認知過程根本不存在！

沒有任何一個孩子用同一種方法學習。少數用類似的方法學習。每個孩子都如此不同，如此特殊，我們只能虛心地看著他們摸索。

所有的孩子都隨時在學習。生活就是最好的老師。具有學士、碩士、博士學位的老師們只是次要的角色。

孩子們會運用書籍、別的孩子、工具、大人來學習。主要的工具是他們的好奇心。好奇心驅使他們去探索、去掌握、去了解四周。

他們觀察四周的世界、了解它、體驗它。他們不是整天坐在教室裡。

他們學會與人相處，因為他們四周全是人——不同年紀的人。

他們學會解決問題，因為他們必須得學會負責。杜魯門總統桌上有個牌子寫著：「為自己負責」，沒有人會為別人負責，他們必須自己解決問題。

每天看著這些孩子，讓我不斷學到一些新東西。例如有人認為：「如果你讓孩子自己選擇，他們一定會選擇比較輕鬆的一條路，他們絕對不會面對困難。」每次有人這麼說，我心裡都會想：「你都看到了哪些孩子？」有時候我真的就說出來了。

真正的情況絕非如此。孩子們通常選擇了比較困難的一條路。真的！我不懂為什麼會這樣。可是真的是這樣。孩子們似乎看到了自己的弱點，勇於迎接挑戰，克服弱點。

手腳笨拙的小孩整天打球；怕數學的小孩猛讀幾何；沒人緣的小孩不斷試圖交朋友；朋友有一大堆的又愛找時間獨處。每個人都有極深的掙扎和極強的決心。

然後是五育均衡的觀念。「你得逼他們什麼都學一點，孩子需要在學校裡接觸不同的東西。不去管他們的話，他們會變得太狹礙了。」

這完全沒道理。首先，人類文明如此巨大，誰有資格為大家決定，哪一些值得學、哪一些必須學呢？我認為這是一種妄自尊大的想法。況且，現代社會資訊如此發達，哪個孩子不是天天吸收了一大堆資訊，還需要我們操心他們會太封閉嗎？同樣一批人，今天說孩子們太狹窄封閉，明天又會說孩子們被過度刺激了。最後，為什麼狹礙就不好呢？對誰不好？莫札特嗎？愛因斯坦嗎？萊特兄弟嗎？這些人之所以偉大，全是因為他對某一件事專注的成就。他們可不是五育均衡的。

這全要回到「虛心」原點上。聰明人只比笨的人少笨一點而已。別去管那麼多吧！孩子們會學到他需要學的東西，也許更多，只要我們不去干預他——除非他要我們幫忙。

20
評量

有一天，我和一個六歲大的男孩丟球玩。我一直「鼓勵」他：「好球！丟得好！接得好！」忽然，他很生氣地把球丟到我身上，吼著說：「我不要跟你玩了！你亂講。我丟得那麼爛，你還一直說我好。你在裝蒜！」

他說得對。我錯了。這也是我在瑟谷學到的一個教訓。

瑟谷不打成績。學生評量自己的進步。大多時候，他們的評量標準很嚴苛，往往要和外界最好的成績相比較。

數學評量很簡單。乘法、除法，會了就是會了，不會就是不會。其他的計算也一樣。如果不懂，他們會找人幫忙，直到弄懂為止。修車的孩子知道自己會修什麼部分、不會修什麼部分。會修的部分越多，他越是個好的修車匠。他不需要別人告訴他，他還不會修些什麼。

每個活動都是這樣。塑陶的人見過專業陶藝作品、畫畫的人看過許多畫、寫作的人讀過書、演員看過戲、學樂器的人聽過音樂會或唱片。他們心中自有好壞，每個人會自己訂定目標去努力。

通常，和完美目標比較出來的自我評量是很令人挫折的。做得不好，幾天或幾星期的努力全都報廢了。我不只一次地問學生：「為什麼要撕掉這張美麗的畫呢？」他們總是說：「因為太醜了！」

挫折引起憤怒、壞情緒和自我批評。想安慰他也沒有用。「做得很好呀！」的真正意思是：「以你的年紀、以你的程度，已經算是做得很好了！」這才不算安慰。孩子們從一開始就已經決定了自己的目標，這些安慰的話聽起來非常空洞、無用和虛偽。

有些時候，挫折引起的自我批判會嚴厲到使他們放棄努力。不過大多時候，他們會一試再試，直到他們可以來跟你說：「這是件好作品。」

有時候，孩子們會尋求外界評量，使自己進步。他們會要求誠實公正的評量。每一個學徒都在尋求外界評量：他一方面在師傅那裡接受訓練，一方面得到師傅給他的評量。

這全要看孩子和科目而定。很多人來找我說：「可不可以麻煩你看一看、改一改我寫的文章！」這些孩子又聰明又會寫，可是文章裡就是有哪一點不對勁，希望我幫忙。

既然來找我，我一定樂於幫忙。他們說：「夠了」，我就放手。他們得到了想要的東西。瑟谷的每一位老師都是如此。這是我們的校規。

瑟谷精神之一是我們不評斷任何人。我們不拿人和人互相比較，或與任何標準比較。對我們而言，「比較」就是侵犯學生的隱私和自主權。

學校不是法官。如果學生要介紹信、老師也答應寫介紹信了，他必須使用私人信函，而不能用學校公函，因為這是私人之間的事情。瑟谷學校的立場是不寫介紹信的，因為每個人都很好。

這個政策是會造成某些困擾。一次又一次，申請大學或工作的文件被退回來，因為表格上要求高中成績單和介紹信。我們會寫一封信，很客氣地解釋我們的種種政策。我們說明瑟谷不打成績、沒有成績單。十之八九，對方會接受我們的解釋。學生得靠自己去說服對方。這才是應該的作法。

另外十分之一的情況則很有趣。有時候他們會不斷地送電腦列印的信來催件。碰到這種時候，我們必須堅持：我們也不斷送信過去，直到有人能親自處理這件事。有些時候，會有人打電話來：「你們能不能多多少少給我們一點評量？就在電話裡口頭評量一下？反正沒有別人會聽到。」我們只能很耐心地解釋為什麼不能。

以我們所知，我們「不打成績」的政策並未給學生造成損失。也許給他們製造了一些麻煩。可是這種困難也是瑟谷精神之一：學習自己訂定目標、克服困難、達成目的。在學校裡，因為這種不打成績的政策，孩子們之間無需比較，也無需爭奪大人的偏愛。在瑟谷，大家總是互相幫忙，因為我們沒有理由不這麼做。

21 避雷針

馬克・吐溫（Mark Twain）有個關於避雷針的故事很有趣。有個賣避雷針的推銷員，說服了一位顧客買了許多避雷針，裝在房屋各角落。打雷的時候，這位顧客待在房子裡出不去了：避雷針把所有的雷都吸引來了，房子外面籠罩了一層雷電。

我們創校之初，就是這種情形。六〇年代末期，瑟谷成為教育改革風暴中的避雷針。

當時的美國社會動盪不安。一連串的政治衝突使得國家陷入分裂、人民憤怒、暴力充斥。學校也不例外。

新的學校如雨後春筍般竄起。不滿體制教育的老師、家長或政治團體，甚至於學生本身，都出面成立學校。許多自稱為「自由學校」。後來都稱為「另類學校」或稱為「非體制學校」。

瑟谷和這些學校不同。我們早就在人類歷史、學習方法、美國經驗中，形成了我們獨特的人生哲學與目標。一九六八年，因為命運使然，我們終於有機會建校。當時整個麻省東部，只有我們一家另類學校肯收青少年。即使是國小階段的另類學校也只有少數幾家而已。

對很多人而言，他們沒工夫去細細挑選學校。我們成為另類學校的避雷針。大家一窩蜂似的跑來登記入學，根本不管我們在說些什麼。結果當然是一蹋糊塗。大部分的家長其實是想要一個改良式的體制教育。他們要學校緊緊盯著學生、好好輔導他們、加強教育。這跟我們的想法完全背道而馳。

起初，他們耐心等待。學生也在等待。他們相信我們提供的自由自主只是一種手段，使學生覺得自在的手段。幾個星期後，老師們一定會出面，會很溫柔地擁著孩子的肩膀說：「好啦，強尼，你已經玩了好幾個星期了，該用功了吧？要不要我們幫忙？」

可是我們一直不干預。我們堅守原則。大家慢慢意識到我們真的不會干涉孩子的自主學習。孩子們真的可以自由選擇。

這下可熱鬧了。一半的家長用著政治革命般的怒火與學校對抗。經過一個月的戰爭，學校活下來了，我們繼續工作。

創校的戰爭與分裂，使得我們不再是教改避雷針。申請入學的人比較了解我們了，他們不再把我們和別人弄混。

有位朋友曾說：「我知道你們和其它改良式自由學校的不同在哪裡。」

我心存懷疑地問：「在哪裡？」

他說：「在你們學校，你們要學生做他喜歡的事情；在其他學校，他們要學生喜歡他做的事情。」

這句話說得好。

我們從來沒打算要娛樂學生、鼓勵學生、引導學生去學一些「應該學」的東西。我們從來不覺得開開心心是最重要的事。在瑟谷，現實更重要。為了學習、為了成長，每天的掙扎、失望、失敗和別人追求的快樂與滿足是同樣重要的——或許更重要。

在瑟谷，瑟谷要學生做他喜歡的事情；在其他學校，他們要學生喜歡他做的事情。

這些想法已經沒有人爭辯了。我們不斷地看到自主學習帶給孩子的好處，我們的信念益發堅定。

我們成為另一種新的避雷針。或許更正確的說，我們是一束光，吸引著各地有相同理念的家長，為孩子提供一個真正自由的學習環境。

PART 2

自在生活

22 校務會議

每週四下午一點整，校務會議準時舉行。主席就位，又一次會議開始了。

校務會議是學校的生命中心。校務會議主導瑟谷的一切。學校生活的大小事情都由校務會議決定。所有的決策權也都由校務會議掌握。學校幾個重大決議案都是在這個會議中決定的。

一九六八年，經過連續六小時的會議討論之後，成立了學校的法庭制度。十一年後，法庭結構改變。六年後，法庭結構再次改變。這些改變都是經由許多校務會議中的討論而產生的。

所有嚴重犯規在此討論，法庭判決也在此公告。

學校各項規定都是在校務會議中提出、討論、投票通過。這些全部彙集在學校的「律書」中。

偶爾有一些奇奇怪怪的規定出現。早期學校裡常有紙屑，我們老是在想辦法維持整潔。討論的過程中，我們發現有的人非常在意紙屑問題，有的人則毫不在乎。愛整潔的人沒有法子說服那些不在乎整潔的人。於是傑克建議：「愛丟就丟，愛撿就撿。」這真是自由到了極致的地步。大家很不情願地同意了。這條規定維持了兩年，不在乎整潔的人才投降。

學校社團經由校務會議同意成立；教師聘約由校務會議發出；特別開支在校務會議中審核；個人申請經費也在校務會議中提出。

任何一件事都有可能爭論不休。有些重大決議只花十五分鐘就通過了，有些小事反而花幾個小時討論。

丹尼斯想在學校販賣鉛筆，一枝十分錢，讓學校抽一成。但是學校已經有個鉛筆販賣機，一枝賣二十五分錢，而且已經有了足夠用五年的庫存鉛筆。如果讓丹尼斯賣鉛筆，不是要讓學校的鉛筆賣不出去嗎？會議忽然成為熱烈辯論場。

很多原則被拿出來討論。自由貿易、保護主義、學校鉛筆販賣機的歷史都談過了。沒有人事前想像得到，這麼一件小事會引起任何討論。

不論年紀大小，每一個學生都在校務會議中擁有一票。每一位老師也有一票。既然學生比老師多出七倍以上，他們對學校具有實際的主控權。

創校時，我們不知如何把校務會議合法化。在麻省律法裡，小孩子沒有像大人一樣的法律權力。我還記得學校聘的兩位律師來回踱步說：「你要讓四歲、八歲、十二歲的孩子和大人一樣擁有投票權？」這兩位律師都是很熱心、很支持我們、很有成就、長期為公眾服務的人。他們就是不能接受這個觀念。但是他們還是找出了解決的方法。

校務會議對全校開放，但是不是每個人都必須到場。只有在場的人才有投票權。不能授權投票。學校就像任何民主社會一樣：關心某個議題的人便會來開會投票，不關心的人就不會來。

你只要看一看來的人是誰，就可以猜到討論的提案是什麼。如果忽然來了一大群喜歡運動的小孩，一定是要購買運動器材。三個十二歲的小孩出現，八成是想開家小店賣東西。有些人總是會在場。這些關心學校事務的人，不分年齡大小都有，就像任何一個城鎮一樣。

你不需要由在場成員去猜測提案內容。每週公告提案內容，讓每個人都知道有些什麼提案。創校不久就開始這麼做了。

校務會議有一定程序。主席熟習程序，別人也偶爾幫忙主席。主席點到的人才能說話。每個人都是對主席說話。全場必須安靜守秩序，否則主席必須干預制止。幾乎全部都採用多數決議，每一個重大決議均需二讀通過。花兩次會議做決定的目的，是讓大家有充分時間想清楚。

除了少數幾年之外，主席都是由學生擔任。主席在校務會議中每年選出，任期一年。

校務會議非常有效率，可以在很短的時間內決定很多事。會議很少超過兩小時。以每週兩小時的時間主持全校校務實在是很少的。創校初期，常有人批評我們會議太正式了。他們說：「會議應該更溫暖，更顧到大家的情感需求，讓大家有機會發洩一下心情。」有些人受不了多數決議，他們認為要好好討論之後，達成一致決議。

學校就像任何民主社會一樣：關心某個議題的人便會來開會投票，不關心的人就不會來。

瑟谷的民主制度遠溯自古希臘時期。我們從未後悔過。這種人人有份的民主制度適合我們。我們引以為傲。

23 危險

第一次有個十二歲小孩爬到大樹頂端時，我們的心跳幾乎停止了。他在七十英尺的樹頂，驕傲地向我們招手，人影小得幾乎要看不到了。我們站在地上，滿腦子危機意識。

大樹只是一個開始，我們有一連串有關危險的討論。我們越討論，越發覺校園中危機四伏。我們還沒看到的危險地帶，孩子們也會找到。

每個孩子都可以自由行動，隨時自由來去。校園沒有柵欄。我們注定了得擔心。

一開始我們很天真無知。我們說：「我們有一個開放校區。」學生隨時可以離開校區。我們小時候多麼痛恨學校像監獄一樣，把我們關起來！我們覺得學校和監獄不應該是一樣的。在瑟谷，我們打開房門，把鎖匙丟掉。

人，為何而生？為何而活？人生的大哉問

—— 人為何而活？是你無法逃避的生命課題！

作者／高森顯徹、明橋大二、伊藤健太郎
譯者／《人，為何而生，為何而活》翻譯組　定價／480元

日本經典長銷書，熱賣突破百萬！
佛教大師解答生命困惑，讓你重拾「生而為人」的喜悅。

唯有永遠不會崩潰的幸福才是人生的目的，而將此一教義之精髓在日本發揚光大的人，正是開創了淨土真宗的親鸞聖人，他說：「人生的目的不是錢財，也不是名譽或地位，而是斬斷人生苦惱的根源，得到『生而為人真好』的生命喜悅，活在未來永恆的幸福裡。」

蓮師法要

—— 揚唐仁波切教言選集（一）

作者／揚唐仁波切
譯者／卻札蔣措　定價／460元

揚唐仁波切的心中，總是有著滿滿的蓮師。

這是仁波切數十年傳法生涯當中，針對〈蓮師心咒〉內涵和功德利益所留下的唯一講授紀錄。這篇開示當中，說明了如何實際透過念誦〈蓮師心咒〉，來獲得加持、取得悉地，乃至去除疾疫、饑荒、戰亂和人與非人的危害。

一行禪師 佛雨灑下

—— 禪修《八大人覺經》《吉祥經》《蛇喻經》《中道因緣經》

作者／一行禪師
譯者／釋真士嚴、慧軍、劉珍　定價／380元

佛法並非一套哲學、真理，而是一項工具，
幫助我們捨離所有概念，讓心靈完全自由。

書中包含四部經文，分別是《八大人覺經》《吉祥經》《蛇喻經》和《中道因緣經》。於每部經前，一行禪師會先引導讀者了解經文的大意，接著用最日常的言語和例子解釋經文內容。當你將經文融入自己的生活體驗，才能理解和實踐，也愈能發現其中蘊含的深奧智慧。

祖靈的女兒

排灣族女巫包惠玲Mamauwan的成巫之路，與守護部落的療癒力量

口述／包惠玲（嫕芼灣Mamauwan）
撰文／張菁芳
定價／460元

★要成為女巫，需要有特殊的能力和身分？還是有心就能學會？
★女巫究竟是怪力亂神？還是鞏固、療癒部落的中心支柱？

包惠玲自從小時候目睹父親溺水身亡，便發現自己具有容易感知及接收夢兆的靈媒體質。二〇〇七年達仁鄉公所破天荒地開辦了全台第一屆「女巫培訓班」，讓她開始了這條漫長的習巫之路……

背誦經文、繁雜的祭儀程序、被附身的恐懼皆讓包惠玲在這條學巫之路舉步維艱，但秉持著頭目本家的責任感，和看著部落面臨女巫短缺的困境，她終究還是接下首席女巫的大任。

延伸閱讀

風是我的母親
一位印第安薩滿巫醫的傳奇與智慧
定價／350元

祖先療癒
連結先人的愛與智慧，解決個人、家庭的生命困境，活出無數世代的美好富足！
定價／550元

……部鄉間神奇、令人難忘的世
……悲慘的動物病人。深刻描寫出那年
……間的情感，更用細膩卻又不失幽默的文筆
……和傷口的細節。

全然慈悲這樣的我
——透過「認出」「容許」「觀察」「愛的滋養」四步驟練習，脫離自我否定的各種內心戲

作者／塔拉·布萊克（Tara Brach） 譯者／江涵芠 定價／550元

暢銷書《全然接受這樣的我》作者最新作品！
你必須愛自己才能痊癒！唯一能帶我回到「家」的道路，就是這條自我慈悲之道。

所謂活得忠於自己，意指帶著愛去生活、活在當下、真誠待人；此外，還有盡情地表現自己的創造力、相信自己的價值、做自己愛做的事，並且擁有力量超越自己的不安全感，去和糟糕的人際關係達成和解。

徒手氣血修復運動
——教你輕鬆練上焦，調和肌肉與呼吸，修復運動傷害、遠離長新冠！

作者／李筱娟 定價／550元

強爆汗or微出汗 × 局部運動or全身動起來，自由搭配的修復兼鍛鍊計畫！

針對上半身各個部位的局部運動，也有針對心肺的全身養生功法；有動作少、非常簡單，但卻有效衝高心跳的心肺運動；也有暢通氣血的穴位按摩和呼吸練習。讀者可以按書中步驟一步步學，也可以依照自身的身體狀況和時間地點來選擇動作，是非常自由、簡單，卻十分專業、有效的運動工具書！

佛陀的女兒 蒂帕嬤

作者／艾美·史密特（Amy Schmidt）
譯者／周和君、江涵芠
定價／320元

～AMAZON百位讀者5星好評～
中文版長銷20年，累銷上萬本

無論我們內心有多麼失落，對這個世界有多麼絕望，不論我們身在何處，蒂帕嬤面對曲折命運的態度，一次又一次地展現了人性的美善與韌性，療癒了許多在悲傷憤怒中枯萎沉淪的生命，更重要的是，她從不放棄在禪修旅程中引導我們走向解脫證悟。

延伸閱讀

森林中的法語
定價／320元

與阿姜查共處的歲月
定價／300元

橡樹林全書系書目
橡樹林好書分享

橡樹林

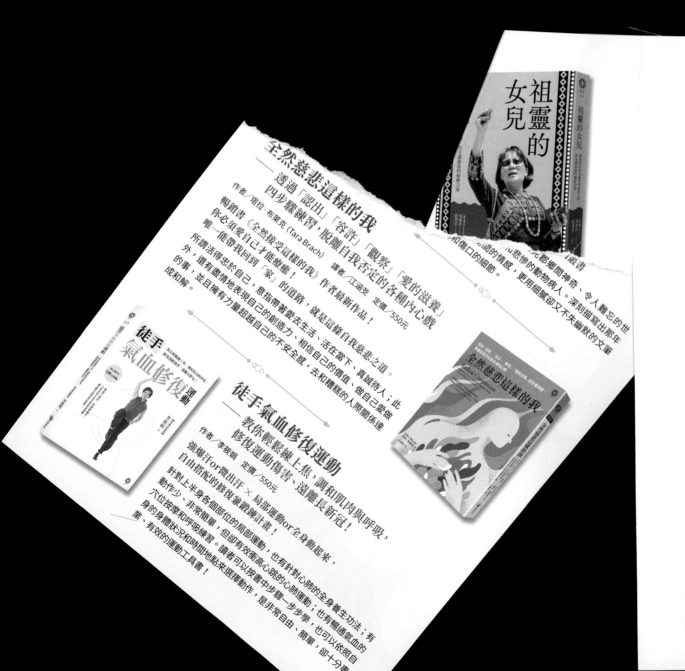

頭幾個月很好。有一天，我們發現兩個八歲小孩走在街上，正要去鎮上買比薩餅。八歲的小孩獨自走在大街上！我們全嚇呆了。

警察局花了幾年才真正接受我們。我們經常接到警局打來的電話，說他們找到了「離校出走」的孩子。

然後是學校一角的「岩石區」。這些大石多麼美麗——直到一群五、六歲的孩子決定在那裡攀岩。這些岩石忽然顯得非常恐怖了！

小溪又是另一個問題。細細淺淺的溪水，由穀倉旁邊流過。它叫做魚餌溪，典型鄉下小溪，美麗而平靜。

我們一點也不知道這條小溪有多危險。河床石頭是滑的，還會搖動。到處是小坑，有的深達兩英尺，足夠一個四歲孩子淹到脖子。

我們發現，環境中不論任何東西都是危險的：樹、石頭、走廊、路、溪流……。即使是草地上也有地鼠洞，一不小心就會被絆倒。

我們知道有危險，但是我們不斷提醒自己：孩子只有活在真實世界中，才能學會適應和判斷。我們覺得只有讓孩子為自己的安危負起責任來，才能真正學會負責任。這才是真正屬於他們自己的教育，他們才能掌握自己的未來。

就像任何理想一樣，這個理想也受到了嚴厲的試探。校園危險不斷地試探我們。

即使知道我們必須堅持理想，我們仍在這個問題上花了不知多少時間討論。這是學校的大人們彼此安慰打氣的方法。

結果呢？這些危險對孩子而言，都是挑戰。他們用耐心、決心、專心和小心面對這些挑戰。人是會自我保護的，不會自我毀滅。真正的危險是給孩子太多限制。限制本身會成為一種挑戰，「打破禁忌」具有強烈的吸引力，小孩子反而會忽視安危，以身試之。

因此我們一切順其自然。是有不少小傷小痛，有的洗一洗、貼個繃帶，孩子馬上又可以去玩了。大部分連這個也不需要。這全是生活中必不或缺的痕跡，孩子們完全不以為意。最嚴重的一次意外是一個八歲女孩由溜滑梯上倒著溜下來，重重地撞到肩膀。

我們只有一個規定，也是當地政府的規定：不可以進到小池塘裡去。每個人都同意池塘是危險的。這些危險不易察覺，而且一旦碰上便少有第二次機會。不論是我們自己，或是我們的保險公司，都不能容許孩子們隨意進池塘。

校務會議通過，絕對禁止任何人進池塘，就連把腳放進去涼一涼也不可以。冬天結了冰也不可以上去玩。

這件事被提出來討論後，投票決定。雖然不是每個人都投贊成票，但是這條規定從來沒有被人挑戰過。多年來，偶有幾個小孩子把腳尖沾溼了，但是從來沒有人真正下水過。

池塘四周沒有圍籬。

大樹仍在那裡，每一年都有新的學生爬上去。每一年都有學生克服了高度，再把他們的祕訣傳給新生。

我們的學生自由地來來去去，比薩店和警局都逐漸習慣，附近鄰居也見怪不怪了。

環境中不論任何東西都是危險的，但是我們不斷提醒自己：孩子只有活在真實世界中，才能學會適應和判斷。

學生在瑟谷學到的重要事情之一是：如何面對每天生活中的危險。在瑟谷，他們不受限制地生活在一個真實世界中。

24
榮譽制度

池塘不是唯一需要自我約束的地方。整個學校都用榮譽制度。例如上鎖的問題。瑟谷的人很不喜歡用鎖。有一陣子，全校一個鎖也沒有。

每個人在學校裡都有一個抽屜放個人物品。這些抽屜是私人的，用來放各種寶物。每個人都不可以開別人的抽屜。這些抽屜都沒有上鎖。很少有人掉東西。有時候會有人偷看別人的抽屜，都會被提交法庭處理。

尊重個人財產與隱私有時會造成問題。規則中說不可以在抽屜中放食物。有時候我們聞得出來有人犯規。有一次，抽屜的主人剛好不在。怎麼辦呢？這引發了很多的思考。我們到底要不要打開抽屜拿出食物呢？爭論了好幾天之後，我們實在受不了食物腐敗的臭味，而且也怕有更嚴重的衛生問題產生，於是我們打開抽屜，把腐爛的食物丟掉。

榮譽制度這麼深植人心，我們都習以為常，不再去想它了。皮包、皮夾、背包、有價值的東西經常放在那裡沒人管。沒有人會去碰它。

有人犯規時，處罰是又快又嚴的。破壞榮譽制度的人會發現沒有人能容忍他的行為。

信任與尊重的感覺，比我們想像的都深刻。大家都能遵守。偶爾有正在假釋期的少年犯或小偷入學，但是他們反而是維護榮譽制度最不遺餘力的人。我們曾經收過一個偷車賊，他卻是學校裡最值得信賴的一個孩子。

榮譽制度靠的是執照系統。每一件事都有執照。

學校裡充滿著工具和設備儀器。暗房、辦公室、電腦室、廚房、工廠、美術室……到處都有。校務會議的規定很簡單：每個人都要先學會怎麼使用設備，然後就可以使用。學會了就算是「有執照使用」的人，可以隨時使用。

由懂得使用的人審核別人，並且發照。有執照的人，名字會在名單上，名單貼在儀器旁邊，每個人都看得到的地方。即使是最危險的工具也是這樣處理。越危險的工具，發照程序越複雜。但是用的人完全不分年紀。

這也就是說，有些年紀很小的孩子會去使用複雜或危險的工具。十一歲的孩子獨自在暗房中、十二歲的孩子在工廠裡、九歲的孩子使用廚房……這些小孩子比誰都小心，一心一意要證明自己夠大了，可以做得和大人一樣好。執照開放給每一個人申請，因此沒有人需要偷偷使用不准用的東西。

偶爾，我們會很為難。

剛買電腦的時候，我們怕電腦很容易搞丟，我們不願意眼睜睜地看著電腦被人半夜偷走。除了鎖在櫃子裡之外，似乎別無他法。學校終於有鎖了！

隨之而來的討論足以令任何哲學家動容。學校不也是每晚鎖上的嗎？可是大門的鎖是對外的，不算是在學校裡。那是防外人的。電腦櫃子的鎖

有執照的人，名字會在名單上，名單貼在儀器旁邊，每個人都看得到的地方。即使是最危險的工具也是這樣處理。

也是對外不對內的，雖然它是在校內。這鎖不是衝著自己人來的，是怕外人進來偷。

鎖裝好了。每個人看了都頭皮發麻。校內任何通過電腦執照的人都有一把鑰匙。

幾個月後，大家受不了啦！校務會議中多數決議，花了好幾百塊美金裝了一套保全系統，把電腦固定在桌上。

大家很高興地把鎖丟掉了。

多年來，很少有東西遺失，很少有東西遭到破壞，很少有人不尊重學校。一百多年的建築，用了這許多年，狀況比創校時還要更好。榮譽制度使學校充滿了一股信任與有尊嚴的氣氛。

25
運動

九月的一個晴天。屋子裡簡直找不到任何人。

我由縫紉室的窗口向外看。每個人都在草地上玩遊戲，歡笑不斷，孩子們到處奔跑。

一個小時後遊戲結束。孩子們三三兩兩地回到屋中，又餓又渴，但是非常快樂。

孩子們談論個不停，似乎遊戲雙方都贏了。

這種情形整年都一樣。由早秋到冬天、春天到夏天，院子裡的足球、溜冰、冰上曲棍球、籃球、壘球等活動總是不間斷。沒有設備就利用廢物代替。

不管是哪一種運動，基本規則都是一樣的：要玩的人就可以玩，不管他年紀大小，也不管他玩得好不好。

壘球可以是五個人玩，也可以是十五個人玩。六歲大的孩子和十六歲大的孩子一起玩。男孩、女孩也一起玩。

仔細觀察，你就會看到一些令人驚訝的現象。

一個笨手笨腳的八歲孩子上場打球。各壘有人。他的隊友在本壘後方給他大聲加油。他揮棒了，球掉在投手板和三壘之間的地上，他拔腳快跑，安全上一壘。大家歡呼不已。

下一個人是個明星球員，十八歲的大個子。他打了一支長打到外野，直直飛向一個十二歲孩子——他沒接到。兩個人跑回本壘。沒有人說任何話。

球賽一局一局進行。孩子們打擊、三振出局、失誤……。從他們的言行舉止，你看不出來誰打得好，誰打得不好。得分？只有少數人在留意。好像是十比一的樣子。

一個半小時後，大家同意球賽結束。沒有人垂頭喪氣。沒有人責怪別人。

在瑟谷的運動真正具有運動精神。每個人都玩得很開心，每個人都是贏家。

他們玩得很開心。這場球賽大家都玩得很開心。不分男女老少、體型大小，瑟谷的人都懂得怎麼玩得開心。

氣氛總是很興奮、充滿生命力與活力，也總是充滿歡笑。

這不只是發生在打壘球的時候而已，而是所有的體育競技項目。大家只想運動運動、待在戶外、開心一下。

一個秋天早晨，學校創校人之一的明西醒來，忽然想到：十五年來學校都沒有買任何橄欖球盔甲。她嚇了一跳，馬上開始擔心起來。學校似乎太不負責任了。各處的高中橄欖球賽都年年傳出孩子受傷的新聞，有些學校甚至因此禁止學生玩橄欖球了。

明西在校務會議中提議禁止玩橄欖球。

那次校務會議是學校有史以來到場人數最多的一次。辯論十分謹慎溫和。說話的人都是平常玩橄欖球的人。慢慢地，大家開始了解球場上的實際狀況。

一個壯大的青少年說：「瑟谷從來沒有一個學生因為玩球受傷的，因為我們都很小心。這是球賽的一部分——不傷到別人。我們總是記住這一點。我們不會傷害別人。」

另一個說：「打橄欖球比在馬路上走路更安全。」

小孩子一致點頭同意。他們從來沒有被大孩子推擠、欺負過。

提案經過二讀及兩次辯論，被絕大多數票否決。辯論到最後，我甚至不確定明西本人仍然贊成自己的提案。

第二天，我仔細觀察一場籃球賽。比以前看得更仔細。六英尺高的大個子和小小孩子一起在停車場改建的籃球場上玩。籃球可以很粗野的，但是我看到的是典型瑟谷風格。

大孩子會和大孩子推擠爭奪，可是從來不碰小的孩子。小的孩子彼此互相推擠，而且一直去推擠大孩子，好像是蚊子推大象似的。沒有一隻大象打蚊子。一次也沒有。

在瑟谷的運動真正具有運動精神。每個人都玩得很開心，每個人都是贏家。

26 露營

對我們學校而言，戶外課程和室內課程一樣重要。訪客很容易由孩子的臉孔、身體、動作和肢體的自由，感覺到這一點。

許多年前的一個秋日，我們想：「為什麼不更進一步呢？乾脆我們去露營，整天在戶外活動多好。去新罕州（New Hampshire）的白山（White Mountain）露營！」我們在公布欄貼出公告招兵買馬。

三十個人報名。我們借了一大堆帳棚、組織了車隊，準備出發。每個人都有一張清單說明要帶些什麼，每個人都繳了費用。

十月十日，我們向法蘭科尼亞州立公園（Franconia State Park）出發。我們興致高昂。抵達時，營區空無一人。十月裡，沒有多少人想去露營的。

我們搭了帳棚、爬上一座小山頭。景色優美極了。下了山，我們升了營火，煮了晚餐、說說鬼故事、快樂疲倦地睡著了。

那個夜晚下了雪。一直下個不停。這場風雪的範圍很小，只限於幾座山頭。我們是其中之一。

清晨三點，積雪四英寸，一個帳棚被壓垮了，造成一陣混亂。我們花了一小時找到每個人，安靜下來。大家都凍壞了。

第二天早上，大家圍在營火旁取暖。沒有一個人睡得好，又濕又冷。早餐是冷的，什麼都是又濕又冷。

我們迅速拔營，垂頭喪氣地回家了。過了十年，我們才敢再嘗試秋季露營，而且只敢過一夜，地點也改在摩娜諾克山（Mount Monadnock）——離家近多了。

有了這麼悽慘的頭一回，學校就不敢到野外活動了嗎？才不可能！只要換個季節就好了。那年春天，大家又想去露營。四天三夜。大家似乎已經忘記了法蘭科尼亞之旅的痛苦回憶。小孩子說：「那是一次偉大的冒險！」大人可不這麼想。

我們決定六月底去露營。這回往南走，到鱈魚灣（Cape Cod）去。目標尼克森州立公園（Nickerson State Park）。那裡的六月從不飄雪。

這次完全成功了。我們在湖裡游泳、在林中散步、到海灘和沙洲去、還去了普文斯頓（Provincetown）觀光。

自此增添了一個新的瑟谷傳統。我們每年都會去鱈魚灣一週。誰都可以參加，只要他受得了離開家，一整個星期住帳棚，而且會照料自己。下雨也去，似乎沒有人在意。游泳衣反正是濕的，而且還不會被大太陽曬焦。

沒多久，就成立了露營旅遊社，負責設計舉辦各種露營及旅遊活動。當然會有不同的意見，尤其是關於露營的事。

自從第一次鱈魚灣之旅就開始了。瑪姬很生氣：「你叫這做『露營』？簡直像是在住五星級大飯店。換成邁阿密海灘（Miami Beach）還差不多。游泳、觀光、熱水浴、大餐、坐在那裡發呆，這怎麼算是露營？」

結果發現，大部分的人本來就沒有真正想去「野營」，大家只想在戶外度個假而已。

熱衷露營的人氣壞了。但是第二年他們還是決定照樣跟我們到鱈魚灣去。也許會好玩也不一定。一切照舊。

不但照舊，而且還增加了。由法蘭科尼亞之旅恢復過來之後，我們的秋季露營仍然照常舉行，地點改在摩娜諾克山。過了幾年，又添了維蒙州其林頓鎮（Killinggton, Vermont）的冬季滑雪。不搭帳棚，但是還是用睡袋。

想辦正宗野營的人也自有辦法。他們組織了爬山野營和冬季越野滑雪的隊伍，人數不多、日數也不長。野營的次數並不那麼多，但是只要人數夠了，他們隨時可以動身。

瑪姬很快的接受了我們的旅行風格。至少大家真的是在戶外，而且還那麼開心，又學會了照顧自己。

很快地，她變得越來越熱心了：「小的孩子不能跟著去露營，心裡很難過。我們何不在學校院子裡搭帳棚過夜？」這真是好主意，小小孩子全部報名了。

每一年六月初，不能去鱈魚灣的小小孩子在學校露營一夜。他們很快學會了如何露營，不多久就可以跟著大家去鱈魚灣了。

瑪姬變得不在意了。也許這些小孩有朝一日會長大，成為一個「真正的」野營專家。

27 委員會及委員

每年秋天學校開學，校務會議要選出各式各樣的委員和委員會，來操作學校每天的大小事情。

我們最不想要做的就是一堆繁瑣的行政公文，所以我們用典型瑟谷精神處理行政事務。校務會議說明工作特質，大家選出一個人來做。沒有人連任，每一個人都做一年，不論是小孩或大人。

誰來整理電話留言？誰來分發信件？誰來採購行政用品？誰來管理檔案？我們創造了一個行政委員做這些事。誰來修屋子？房舍維修委員。誰來修院子？庭院整理委員。

比較大的任務，牽涉到更多人、更多不同意見的工作則交給委員會處理：經費管理委員會、室內布置委員會、公關委員會。

委員們來來去去的。有任務了就選個委員，任務完成，沒有需要了就

委員們來來去去的。有任務了就選個委員，任務完成，沒有需要了就解散。

解散。我最喜歡看到校務會議取消某個委員或委員會的職務，因為這表示我們不僵化，不維持非必要的行政結構。

例如，以前有個開門委員，負責安排學校每天早上開門、下午關門的這件事。學校的鑰匙全給了開門委員。開門關門輪值表有了、鑰匙發了、誰擁有鑰匙的名單也有了。幾年過去之後，這個開門委員根本沒有別的事需要做了，於是我們取消了這個位置，把監督鑰匙的工作加在別人的工作單上。

以前也有訪客委員，負責接待川流不息的訪客。有那麼許多年，這個工作十分吃重。我們必須想辦法讓人參觀，同時不累慘自己。但是一旦參訪政策及方法建立起來了，這個職務就變得沒有多少工作可做。於是我們取消了訪客委員，把工作移交公關委員會處理。

有時也可能產生新職位。創校多年後，我們發現有許多校友想保持聯絡。許多人會回來拜訪。我們終於意識到，應該做些什麼使學校和校友之間的聯絡更方便，校方會議設立一個校友委員。

這件事正顯示出我們多麼不喜歡搞行政。至少花了五年才設立這個校友委員。在這之前，我們總是要求某個人去處理校友的事。校友組織了校友會——瑟谷之友——後，我們仍等了好幾年，看他們會不會無疾而終。最後終於在校務會議中成立了校友委員。委員可不是隨意增設的！

偶爾，我們需要把一個職位分為兩個。我們不喜歡這麼做，可是有時候不得不這麼做。要不就把職位一分為二，要不就把那個委員累死。

我們一直有一個招生委員，負責所有的招生事宜。招生委員得負責面談、填表格、收學費。我們以為這些是一氣呵成的任務。

其實不然。招生委員發現不是那麼回事。招生委員因為要進行面談，所以是新生與學校的第一線接觸。通常，新的家庭會繼續和他交朋友、解決疑難、問問題、發洩心中的焦慮。

可是收錢的時候，一切就變了。

一談到錢，友誼就受到考驗。前一天還是朋友、同志，一談到錢，第二天就變成敵人了。

招生委員必須收學費。昨天還很友善的家庭和學生，今天忽然不再友善了。一點點小摩擦就完了。有時候只要提醒家長需要繳學費就足以惹出麻煩：「錢？你跟我要錢？你好不夠意思！我們以為你人很好，會諒解別人。現在才知道不是。」

十八年後，終於有一個招生委員受不了，要崩潰了。我們終於想到把招生委員的職務分為兩個：招生委員和註冊委員。招生委員繼續當大好人，註冊委員呢？他可以選擇吃頭痛藥或提早退休！

還有清潔委員。這件事得寫上一整篇。

28 清掃工作

多年來，學校最大的問題就是清潔。

一開始，我們就認為每個人要為自己的環境負責任。學校是我們的，我們弄髒了，我們應該自己清掃乾淨。

創校的前幾個月只有大人在，準備學校開學。也就是說，這些大人都得打掃。

學生剛來的時候，我們不可能期待他們馬上進入狀況。他們需要時間習慣下來，學習瑟谷的一切。這也就是說，大人繼續打掃。

每天放學之後，我們拿起掃帚、拖把，把學校上下打理一遍，把垃圾收好丟掉。我們很自得其樂，但是這卻成為一場主要論戰的起源。

創校初期，許多父母是附近的大學教授。他們很以身為學術界人士自傲。教師是一種神聖的職業。

想丟就丟，想撿就撿。

太神聖了，怎麼可以拖地呢？

某人說：「你在學生面前矮化自己。老師親自動手掃地會使孩子看輕學識。」

另一個人說：「這是不良示範。他們需要角色認同。我們可不希望孩子長大當清潔工人。」

其他人說：「怪不得你們不多花點時間教孩子。」

很多人對於自主學習漸漸失去耐性：「你們花太多時間清掃環境。」我們不掃誰來掃？我不知道他們在想些什麼。他們自己不來幫忙，我們也沒錢請清潔公司。

很快地，我們了解他們在想些什麼了。許多家長在六〇年代的政治動盪中活躍過。他們關心的主題之一是：改善貧窮少數民族的生活。他們的經驗導致他們對學校提出的建議。

其中一個人到校務會議中建議：「我知道如何解決清潔問題了，每個人都會獲益。老師必須停止掃地，而學校沒有窮的少數民族子弟。我們可以一石兩鳥：我們可以邀請貧民區的孩子來上學，學費全免，但是他們得負責清掃。」

全場立刻一片混亂。

老師益發堅定地繼續清掃。

這些家長很快地就辦退學了。

那只是第一場辯論而已。幾個月後，我們決定該讓全校師生共同來清掃。我們示範了這麼久，該輪到全校師生發揚社區愛了。

我們創立清潔委員，負責採買用具和安排一個義工系統。校舍很大，很多清潔工作得做。

清潔委員苦苦奮鬥了幾年。有些義工來一陣子又走了。每天清掃變成每週清掃。

後來變成只有一小群師生負責全校的清掃。傑克建議：「想丟就丟，想撿就撿。」事實真的是這樣。

校務會議中開始一個新的辯論。在民主社會中，一件必須做的事沒有人願意做的時候，怎麼辦？強制徵募。我們辯了又辯，沒有別的辦法，終於建立了強制清掃輪值系統。不分年紀大小，每個人都得分派清潔工作。

清潔委員的任務可難了：首先，他得把工作組織起來；然後，他得確實執行。強制徵募來的人往往工作得心不甘情不願，我們的學校也不例外。

幾年過去了，換了好幾個累壞了的清潔委員。學校仍然亂七八糟。再來討論怎麼處理清潔問題。哈利是一個理想主義者，他很熱心地要廢除徵募制度。

他說：「如果我們想把工作做好，就得付錢請人來做。我們可以在校內請人清掃。有很多學生想賺錢。」

很多人覺得這個主意不對勁。清掃工作是每一個人的責任，為什麼學校要付錢請人來做？可是別的方法都失敗了。哈利的提議通過了，他被推選為清潔委員，拿到一筆經費。

他熱心地組織。哈利清潔公司不但有「辦公室」——房間角落裡有一張桌子，而且還有會計系統、複雜的工作排班表和訓練計畫。每件清掃工作都有書面紀錄，上面有檢查結果和主管簽名。

訓練計畫是他的最愛與驕傲。他自己曾經在專業清潔公司打過工，學到了幾招祕訣。他手下的每一個新進員工都要經過仔細的訓練，才能開始掃地、拖地。

這是一次偉大的實驗，可惜沒有成功。

徵募制成員不好好工作不稀奇，但是花錢雇來的人一直做著無聊的清掃工作，也不見得百分之百認真。

學校又變髒了。再想辦法吧！

後來每個人都有點不好意思了，事情怎麼會變成這個樣子呢？畢竟這是大家的學校，我們應該負責維持它的環境清潔。

士氣時好時壞，在校務會議中花了一個小時又一個小時的討論。最後，大家下定決心，要同心協力保持學校清潔。

到目前為止，義工制已成為學校傳統。偶爾的大掃除排在週末，連家

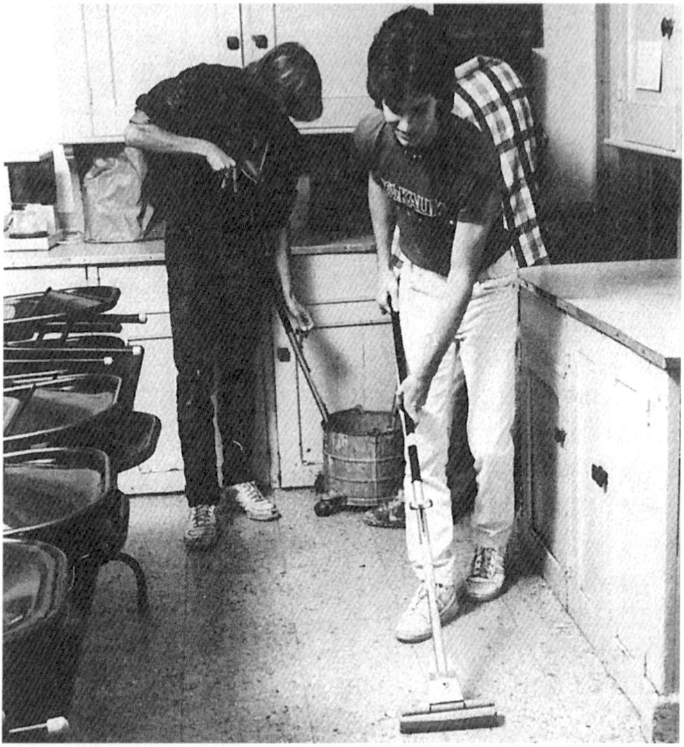

學校是我們的，我們弄髒了，我們應該自己清掃乾淨。

長也來。許多家長是常客。有些學者也會來。時代變了。

委員也變了。校務會議取消了清潔委員，反正沒有人願意擔任。

組織清潔義工的任務轉交學校美觀委員會處理。這不但比較合適，連名字也更好聽了呢！

29 奇蹟的經費預算

清潔工作不是唯一缺錢的項目。瑟谷一向的傳統便是缺錢用。

一九六六年，我們籌劃瑟谷學校的時候，曾經問過有經驗的人：「創校需要多少錢？」答案是：「至少美金二十五萬元。」這是最低估計。對我們而言，這跟兩億五千萬沒什麼兩樣。

創校人的個人信用貸款合起來也只不過有四萬塊。我們決定用這筆有限的經費創校。

找了一年，才找到這片校園。納森尼爾．包迪屈（Nathaniel Bowditch）遺留下來的這片土地有十五畝大，房子超過一百年。叫價八萬，付現兩萬，貸款六萬。校舍找到了，一半的經費卻也沒了。剩下的錢用來整修房子，使房子合乎政府規定，還要買傢具、買設備、做宣傳。到了學校開張，我們已經快要破產了。

你也許在想，為什麼這片產業要價這麼低。我們也心存懷疑，可是所有的檢查都沒有問題。

買下來幾個月之後，我們終於明白為什麼了。校園中有個小池塘和一個磨坊。那裡的小水壩被工程處封了！根據地契，我們得修復水壩！以前的地主不願意修水壩，所以才要賣房子。

修水壩的估價是五萬元美金。我們完了。法明罕最好的工頭梅爾．史塔克（Mal Stalker）聽說了：「我帶我的下屬來做，只要幾千塊就可以搞定了。」梅爾果真守信。只花了四千元。我們衷心感激這位好朋友。但是我們也自此欠了一屁股債。

這麼悽慘的創校過程，使得我們全都十分注意省錢的方法。每一項經費，不論大小，都經過小心審核。我們發現許多東西是不必要的、懂得去哪裡買到便宜東西、找二手貨、甚至拿免費的東西。更重要的是：我們學會了如何無中生有、如何尋找替代品。在瑟谷，「需要」教我們「發明」。

我們的理想主義使情況更糟。我們之中，有許多曾經是領政府經費的學者，一開始便決定要全靠自己，不靠政府或任何基金會的經費支助。我們接受自動自發的私人捐款，但是我們打定主意要靠學費支撐這個學校。

這還不夠，我們決定證明給世界看，我們不是一家貴族學校，專開給有錢人的。為了我們的原則，學費一定要低。為了估計學費，我們查出公立學校每個學生的開銷有多少，決定瑟谷學生的開銷不比這個數高。這樣一來，我們可以做給他們看：花同樣多的錢，他們也可以做到。

所以我們刻意壓低學費，在存款不足、沒有外來經費的狀況下開學了。

校務會議在早春時節審核每一年的預算。過程很簡單但很徹底。會計學上稱為「由零開始」。每一個委員、委員會及社團都仔細列出這一年要辦的活動，然後估價、送交校務會議。

經費審核會議要開好幾次，每一個小項目都檢查。很少看到追加預算的。經過幾年練習之後，也很少看到預算被刪減的了。

整個程序要六個星期，而且很愉快。結果則令人吃驚。例如一九六九到一九八四年的十五年之間，美國生活指數上升三倍。全國學校經費平均上升四倍。

瑟谷的學費和經費卻只上升兩倍。隨著時間飛逝，我們的開銷比起公立學校開銷是越來越少了。私立學校的開銷更是我們的三倍。

校務會議盯預算盯得很緊。舉個實際的例子。

我們有一個使用柴油的熱水系統。我們總是在想法子降低柴油帳單。一九六九年到一九八四年之間是個考驗，那時全球都有能源危機，石油禁運使得油價漲了六倍之多。對我們而言，那些年必須不斷尋找省油的方法。

我們像別人一樣把定溫器由華氏七十度降到六十五度，然後又降到六十三度。這個溫度仍很舒適。畢竟，我們是不怕冷的新英格蘭移民。

我們在年底過聖誕節和新年時放假兩週，二月再放一週，把全校關閉。暑假因此必須縮短一些。

我們買了一個定時器，在晚上及週末自動把溫度調低。

我們一再加裝隔熱設備。

我們買了一個最好的省油火爐，而且一直仔細維修它。

因為種種措施，我們的油費在十五年間只增加了兩倍。

每一項經費都有相同的故事。

我們倒不是不花錢。該花的還是要花，我們最喜歡花錢買省錢的設備。

創校時，人們說：「教學和行為部分也許可以用民主的方式辦理，但是一旦碰到經費問題，就鐵定不可能。每個人都在錢的問題上擁有一票的話，你馬上就破產了。」

他們都錯了。不分老少，每個人都下定決心要學校成功，要學校不破產。別的事情也許有不同意見，在這一點上我們倒是全體一條心，沒有異議的。

每個文化都有它的奇蹟。宗教、古老歷史、小孩的童話故事都會提到奇蹟，忽然從魔燈、山洞、石頭和其他奇怪的地方出現。

瑟谷也有個傳統，每一年，我們有個奇蹟似的經費預算。我們有什麼就用什麼，我們的需要總是會得到解決。

最大的奇蹟其實是在我們的教師們身上。

30 教師

創校第一天，十二個老師全職工作，沒有拿一毛錢薪水。不是一個人、兩個人，而是十二個人。

在那之前，我們互不相識。我們不是政治夥伴、也不是社運同志。使我們凝聚在一起的是對教育的理想與熱忱。

一九六七年，創校人對外公開瑟谷的創校理念，一百多個人受了感動，來瑟谷參與工作。

十二個人留下來。沒有薪水不是問題。我們都有心理準備。

那一年建立的教師傳統，延用至今。

首先是名稱問題。我們的教師叫做「工作人員」。我們討論了很久。一般的學校有老師、行政人員、維修技工、祕書、清潔工……等等。教育界充滿了頭銜，與隨頭銜而來的地位。

我們一致同意，拋棄一般學校的行政組織。我們只有一種職務：「徵求認同瑟谷精神，並願為瑟谷付出，使瑟谷成功的人。」這包涵了一切。我們是學校的「工作人員」，不分職務的一群人。

沒有打卡機。我們早到晚走，該做什麼就做什麼。初期，我們每天下午留下來，討論當天發生的事以及對應的方法。後來變成每週一兩次，再變成每月一兩次。全看有沒有需要。

我們親自動手掃地，為學生示範。後來也有學生加入。我們也採買、做木工、整理草地、做行政工作、演講、教學。我們做任何需要做的事。

我們學會了等待，學生主動要求才教他們；學會了旁觀，讓孩子遵循自我的軌跡成長，不論他的年紀多大、發育到什麼階段。這才是最難的一部分，最需要自我控制。有些人至今仍在掙扎之中。創校人之一的漢娜・格林伯格（Hanna Greenberg）曾這樣寫過：什麼都不做也是一種藝術。

別人會問：「你在哪裡工作？」

「瑟谷學校。」

「你做什麼？」

「什麼也不做。」

在瑟谷，「什麼也不做」需要花費很多力氣和很多紀律，加上很多年的經驗。我每年都在進步。每當看到我自己或別人為了這個掙扎不已，都會令我覺得有趣。掙扎來自於想為別人做事、想把自己的知識傳給別人、想把自己好不容易得來的人生智慧傳承下一代，但是心裡又明白孩子們必須以自己的速度、自己的方式學會這一切。他們要不要從我們身上得到些什麼東西，是由他們決定，而不是我們；他們提出要求時，我們才能給予，而不是任由我們想給就給的。

世界各地的不同文化，都會對孩子進行教導和啟發的工作。不教育下一代的話，每一代都得重新學習所有的文明與技巧，由輪子的發明到《十誡》、由治金到農牧。人類文明由一代傳到下一代，在家庭中、在社區中、在工作場合中——在學校中。很不幸的，現代學校教得越多，學生受的傷害越深。讓我解釋一下這個矛盾之處。成人總是在試圖幫助孩子準備進入社會。我經過多年嘗試，慢慢地、痛苦地學到了一個教訓，那就是孩子們為自己人生做的決定，往往超出大人的想像……。

所以我正在訓練自己什麼也不做。我做得越少，效果越好。但是千萬別以為老師們閒著沒事可做。你也許會覺得，既然孩子們什麼都自己來，還要這麼多老師坐在那裡發呆幹什麼。事實上，學校和學生都需要我們。我們在這裡，看著、幫著學校和學生成長。

自決、自主、掌握自己的人生，而不只是渾渾噩噩過日子，在我們的社會中是很自然的事，但是學校並不這樣教我們的孩子。要達到自決自主的境界，孩子需要一個安全、支持的環境，一個比核心家庭更大的大家庭。瑟谷的老師們對孩子的態度是溫暖的、支持的、關心的，但不是教導的或引導的，所以學生能夠聽到自己內在的聲音。學生們知道我們有能力教他們，卻選擇不主動教他們。因此，他們學會了傾聽自己、信任自己的判斷，而不只是乖乖聽別人的話。他們了解別人頂多能了解他們的一部分而已。

我們刻意地不主動教導學生，並不會被學生視為無能或懶惰。在他們探索自我的路上，我們不引導他們，我們關心並且支持他們。自我成長需要努力和勇氣，自我成長需要一個有活力的環境，我們便是提供這個環境的人。

第一年結束，經過了多次戰役，我們全成了老鳥。

我們開會討論第二年的校務，心中充滿感激。學校竟然安然度過了第一年，但是經費並沒有比第一年多。

一個人說：「我們再不支薪工作一年好了。」

另一個人指出：「不。第一年不支薪是很偉大的，第二年不支薪就太傻了。」

他說得對。免費服務不是長久之計。使用者付費是合理的，我們同意開始支薪。

但是學校沒有錢呀！這個兩難之局似乎無解了。同意支薪是一回事，有沒有錢卻是另一回事。

有人靈機一動想出了好方法。

學校欠帳。這還不是普通欠帳，否則學校馬上就得宣告破產了。這是「有條件欠帳」——如果學校經費有剩餘，才還老師錢。在帳面上，老師的薪水還過得去。

這成為我們的「薪資計畫」。如何使它合法化，花了我們不少工夫，討論內容會讓任何古代哲學家眼睛為之一亮。實際執行倒很簡單：學校該花的錢都花了之後，剩下多少是多少，分給老師。帳面上和實際上的薪資差距就算是學校欠老師的帳，無限期貸款。

第二年，老師的全年薪資只有美金數百元。到了第十五年，左省右省之後，每位老師拿到美金一萬兩千元。從那以後，每一年都在增加之中。

一九七五年，新英格蘭教育審查小組來瑟谷審查的時候，他們努力想了解我們在做什麼。這些人全是其他有名私校的成員，他們過去的經驗完全無法為他們在此所見所聞做好準備。

從一開始，審查過程對我們就很重要。我們不只要學校成功，我們也要教育界的人接受我們，承認我們是正式的學校。

我們費了很大的力氣才請到審查小組來訪視瑟谷。他們一直不理會我們，希望我們像別的另類學校一樣，不再去煩他們。但是我們一直不放棄，最後他們只好投降。

有一天早上，我陪著審查小組的召集人巡視校園。他看到我們的校舍，很有經驗地問：「你們怎麼維修校舍呢？光是這一大片屋瓦就要花一大筆錢維修。」

我回答：「我們下定決心要把學校辦下去。」

「錢從哪裡來？」

「從老師薪水裡來。學校有任何需要都優先處理。剩下的錢才給老師。我們在這一點有志一同。」

他說：「這就是你們與眾不同的地方了。在我的學校裡，無論如何，老師的需要都是第一優先。屋子可以塌下來、屋頂可以掀掉……那全是校長的責任。瑟谷老師們的投入與付出真是獨特。」

審查小組毫無異議地通過了瑟谷的學校資格審查。

工作辛苦、拿不到錢、工作沒有保障……多年來，瑟谷的老師群卻很穩定，偶有新血加入。

你也許會問：「工作沒有保障？什麼意思？為什麼沒有保障？」

瑟谷沒有終身職。校務會議負責老師聘約。每一年春天，全校師生投票選出下一年的老師。想當老師的人得先被提名。

校務會議花很多時間討論學校需要多少老師，以及每一位老師的狀況。最後採用不記名投票決定，每一位學校成員都有一票。

我們全都得很小心。

偶爾有老師被解聘。有時候有新老師加入。

原來的十二位老師，經過了二十年，仍有六位留任。其他一位退休、兩位被解聘、三位辭職。

老師們各有所長，足以擔當現有學校五倍大的教學任務。有的是博士、有的高中畢業、有藝術家、有知識分子、有專業人士、有工藝家。有老有少、有男有女。還有幾位瑟谷校友回來當老師。

自一九六八年至今，我們都不是一個政治、宗教或社交團體。我們的共識是如何讓瑟谷學校更好。

31 小小孩子

辦公室的電話響了。八歲的黛比接了電話：「瑟谷學校，你好？」另一頭怔了一下，很遲疑地問學校狀況。黛比回答：「請等一下，我去找別人來跟你說。」她找來了一位老師接電話。電話談完了。打電話來的人馬上學到了一件事：在瑟谷，每個人不分年齡大小，都是平等的。

四個六歲小孩在廚房和瑪格麗特一起烤餅乾。餅乾慢慢成型，廚房也同時慢慢不成型了。

瑪格麗特會說：「整理廚房！」她的海軍經驗派上用場了。每個人都動手。艾麗絲搬把椅子到流理台旁邊，爬上去，開始清洗瑪格麗特遞給她的盤子。傑卡和艾立克擦桌子、掃地。

瑪格麗特的聲音響起：「那個角落也要掃！」她正在收拾剩下來的材料。艾立克趕快過去掃角落，傑卡拿著垃圾桶緊跟在後。

年紀大的孩子和年紀小的孩子不太一樣。一般而言，年紀小的孩子更獨立、更有想像力、更會想辦法、更努力、更忙。

二十分鐘後，餅乾烤好了，廚房也清理好了。每一個人都幫了忙。孩子不會因為年紀小而有例外。

只要學會了怎麼用，取得使用執照，即使是八歲小孩也和大人一樣使用電動打字機。十歲小孩用木工的工具，九歲小孩拉坯塑陶。各個年齡的孩子都可以自己走路到鎮上買比薩餅、到公園玩、到體育用品店逛。

許多年來，因為社會的影響，我們也不斷與自己掙扎：「小小孩子是不是需要特別對待呢？」他們也是校務會議中的一份子，有投票權，他們也得像別人一樣遵守校規。可是他們年紀小，不應該有特別待遇嗎？不需要特別照顧嗎？

校務會議為了這個問題花了許多時間討論。有幾年沒人提起，過一陣子又會被提出來討論，再過幾年沒人提起，然後再被提出來討論。試了又試，我們始終無法想出一個分齡對待的好方法。分齡會違反我們的原則，而事實上執行起來也會有困難。

我們確實發現年紀大的孩子和年紀小的孩子不太一樣。一般而言，年紀小的孩子更獨立、更有想像力、更會想辦法、更努力、更忙。尤其，當你把這些年紀小的孩子和剛轉學來瑟谷、但較年長的學生相比，這種狀況會更為明顯。

小小孩子從來沒有半刻得閒。他們總是在忙著說話、忙著吃，永遠坐不住。他們不走路，他們用跑的。他們不會喊累——直到回家。他們能正視大人、誠實說出心裡的話，不需要扭扭捏捏。他們體貼、仔細、有自信。第一次來學校的大人總是不能相信雙眼所見。

小小孩子的最大長處是對別人的影響。有人一直尋求返老還童、青春永駐之術，他們只需要和小小孩子相處就足夠了。

小小孩子能使最老氣的大人重拾童心，使脾氣最壞的青少年微笑。在學校裡，小小孩子使青少年看到自己的活力和生命力。小小孩子不需要去找別人，只要他們在場，就有這樣的影響。青少年常常會唸書給小小孩子聽、和他們一起做事、陪他們玩。我們都習以為常了。

《小熊維尼》是有名的兒童故事。作者米爾尼（A. A. Milne）在自傳裡說，他以前沒寫過兒童故事，只想寫寫看，賺點外快。既然沒寫過兒童故事，不知道要怎麼寫，所以他乾脆寫成給大人看的故事書。

結果這本書一炮而紅，到今天仍是暢銷書。我從八歲起，至今仍然常常讀。這本書令我「內心的孩童」活過來了，也令孩子「內心的大人」得到認同。

我想，瑟谷有點像《小熊維尼》這本書。我們把孩子當成大人一樣尊重，學校也使得我們這些大人內心的孩童再次活過來了。

在學校裡，小小孩子使青少年看到自己的活力和生命力。小小孩子不需要去找別人，只要他們在場，就有這樣的影響。

32 好孩子？壞孩子？

年紀大的孩子則是另一回事了。他們來的時候各有不同，帶給我們各種挑戰。

他們之中，有些自小在瑟谷長大。大部分是轉學生。轉學生分為兩大類：成績好，但是不快樂的學生和所謂的問題學生。有時候有人二者皆是。

這兩種學生之中，你寧可教哪一種？經驗給我們的教訓往往很奇特。山姆十六歲才來瑟谷，與社會格格不入。有那麼整整一年，他只呆坐著抽菸。認識他的人都懷疑有哪個學校肯收他。

過了一陣子，他的內心平靜下來了，開始思考他的人生。第二年末，他畢業了，進了大學。他試了許多工作，包括進口寶石，來支持他度過大學及骨骼醫學專科訓練。現在他自己開業，非常成功。

山姆來瑟谷之前，一直是各個學校的問題學生。可是在瑟谷，即使是剛來的第一年，山姆都很甜美。當他元氣逐漸恢復之後，他用盡各種方法使瑟谷更好、幫助別的孩子適應。

羅伯十四歲來瑟谷的時候是個典型的失敗者，他總是酗酒惹事。認識他的人都相信，他這一輩子注定了要過得很悽慘。

他在瑟谷四年，逐漸重整人生。他慢慢學會表達自己，有時候說很多很多的話。他學會閱讀、玩耍，開始對未來有著希望。慢慢地，他越來越不虐待自己的身體，甚至開始注意健康。

他離開時，決心投身服務業，尤其對急救有興趣。受了許多訓練之後，他成為一個救援小組的領隊。後來他又念了護校，成為有執照的護理人員。

羅伯在瑟谷總是很愉快、展現開放的態度。起初他很安靜、內向，後來逐漸變得友善，懂得社交了。他從來沒有製造任何問題。

每一年都有問題學生轉學到瑟谷：被別人放棄的孩子、偷車賊、惹麻煩的孩子、吸毒的孩子、酗酒的孩子、怕上學的孩子、各種具有反社會性格的孩子。他們要不是死也不肯上學，就是已經被學校開除了。在瑟谷，我們對他們一視同仁。他們得到自由，以及跟著自由而來的責任——為自己的人生負責的重任。沒有人阻止他們。

他們很快地明白。完全的自由、開放的氣氛、友善的人們、混齡的環境使他們逐漸認清現實。創校初期，這個過程大約要花一、兩年。多年之後，老鳥帶菜鳥，這個過程往往開始得更早、步伐也更快了。這時候青少年對學校的幫助很大。

史蒂拉是最極端的一個例子，她是個海洛因上癮的十四歲女孩。她的社區教育委員會寧可違反法律，也願意付錢讓她轉學到瑟谷來，他們巴不得把她趕走。每一年，他們會派人來看看瑟谷是不是還存在，史蒂拉是不是還在上學。

沒有多久，史蒂拉就不得不面對自己。她離開以後，進了大學，後來成為優等生、拿了心理學碩士、寫了小說。

史蒂拉、羅伯和山姆全是同一類的孩子。我記得很清楚，創校初期的一次校務會議上，一群「好學生」抱怨有人不應該留在學校裡：「我們來參加校務會議、我們用盡各種方法幫忙，我們才是你們需要的學生。他們整天不做事，坐在那裡發呆。」我記得自己深深吸了一口氣，跟他們說：「這些所謂的壞孩子比你們更瞭解瑟谷是怎麼一回事。他們正在思考自己的人生，這就夠他們忙的了。你們這些人一天到晚忙著討好別人，根本還沒有開始了解自己。」

問題學生在瑟谷的表現一向很好，尤其如果能得到家長的支持。原因很簡單：惹麻煩其實正表示他們還沒有放棄掙扎。不管別人怎麼試圖打擊他們、改造他們、使他們合乎主流禮教，他們都沒有放棄掙扎。他們有膽量、肯堅持。當然，他們的力氣常常花在自我毀滅的行為上，但是這些力氣若是不用在與世為敵上，馬上就可以用來重建自我，甚至創造一個更美好的社會。

「好學生」反而更難。他們總是在討好老師，到了瑟谷馬上無所適從。他們想：「該討好誰呢？」他們會先試老師。沒有用。這裡的老師不給金色小星星。那麼該怎麼辦？

這種調整很痛苦。當他們發現學校裡的每一個孩子都很聰明的時候，日子更不好過。在瑟谷，沒有人能當第一名。想領先也沒機會。

這些孩子比問題學生更是社會的犧牲品。經年累月地與外在威權妥協之後，他們已經失去了真正的自己。他們眼中沒有光采，靈魂沒有笑聲。他們沒有破壞力，但是也沒有創造力。對他們而言，自由是極可怕的。再沒有人規定他們要做什麼了。

恢復之路很難走，而且耗時甚久。也不是每一個人都能恢復。通常，最好的藥是讓他們徹底無聊。沒有人為他們排課程，這些學生往往陷入什麼事也不做的狀態。當他們無聊到了極點的地步，他們就會不得不自己安排活動，開始創造自我人生。這種情形或早或晚會發生。這些「乖孩子」所付出的代價是多麼高！

從一開始便在瑟谷上學的青少年則不同。他們既不是「壞孩子」，也

在瑟谷，沒有人能當第一名。想領先也沒機會。

不是「好孩子」。你一看到他們的臉就會明白。這些是幸運的孩子。他們對自己、對環境都覺得自在。他們可以接受生活中無可避免的一些打擊，不會因此失去人生的方向。

我們永遠贏不了。人們看到我們的學生會說：「你們收的都是好學生嘛！怪不得自主學習和自由行得通。如果是一般的孩子，絕不會行得通。」另一方面，人們看到我們收的某些學生和我們的開放入學政策就會說：「這家學校收的都是問題學生，正常孩子不適合來這裡。」好學生、壞學生、普通學生……。

我們永遠贏不了，但是我們總是能贏。這全要歸功於我們對每個人一視同仁——負責任的人。沒有祕訣、沒有輔導手段、沒有魔術。每個人都有一股內在的動力來面對生活。在瑟谷，我們讓他們自由地去發掘並使用這股內在力量。

33 家長

對大部分學校而言，家長是個大麻煩。他們抱怨、批評、占用時間。最糟的是，他們會干預孩子的教育。

在瑟谷，家長一向是學校的一部分。我們覺得如果想要辦學成功，家長就必須配合。教育是家長的責任。他們生了孩子，就有責任把孩子養育成可以獨立生活的成人。學校是來協助家長的，而不是取代他們。至少在我們這個崇尚個人自由的社會中是如此。

然而，要想孩子具有健全的人格，家庭生活和教養必須與孩子的內心世界一致。代溝是很普遍的現象，但是癌症和心臟病也很普遍，卻沒有人認為這些是可以接受的。

還有其他的考量。家長付了學費，正如西元一七七六年美國獨立時的認知一般——付了稅就要有發言權。他們每天開車接送孩子上學，學校沒有寄宿設備。為了學校，他們每天都在付出。

不論如何，家長與學校是肩併肩的夥伴和同志。這是我們看事情的角度，也是創校的精神。

家長、學生及老師都是瑟谷學校的一份子，都有投票權。學校是一個非商業機構，沒有對外發行股份，而是由它的每一位成員共同擁有。

成員大會一年開一次，訂立重要政策，這包括學費和經費的設定。一旦政策確立，校務會議決定每天的校務運作。

家長在瑟谷不只擁有權利。他們也可以隨時來參觀、來教學、來幫忙。學校每年會辦幾次大型社交活動——晚宴、野餐、拍賣、舞會……等等，家長都可以參與。

學校與家長的關係由入學面談開始。十八歲以下的學生家長必須親自來面談——最好是父母兩人都來。從一開始，他們便是孩子教育上的合作夥伴。

面談時的重點之一便是取得家長了解。我們的面談不是為了篩選學生，而是花上幾個小時解釋我們的想法、作法，回答問題，建立雙向合作的關係。

創校的十二位老師中，有六位是家長。教師的孩子很少會去上別的學校的。

有些家長投入多年之後，最後乾脆申請當老師了。

家長的參與使得學校有一種社區般的認同感。住在麻省各處的陌生人逐漸熟識、找到共同興趣、一起享受生活。

在瑟谷的每一天都是家庭開放日。我們絕不想改變這一點。

34 開放參觀

每天都是開放參觀日。至少有時候感覺上是這樣。

六〇年代早期，我為了創校而到處聯絡參觀，很訝異地發現許多學校不讓人參觀。當然我的訝異來自於無知。我以為教育家會很樂意對外宣傳。結果連所謂的自由學校也不讓人自由參觀。

我們決心讓瑟谷對外開放。我們要大家看到我們的作法，和我們辯論，也許最終能贊同我們。我們不想當化外之人。我們的教學方法越廣為流傳，我們越高興。

對我們而言，參觀是最好的公關。俗語說：「眼見為憑」，我們要大家眼見為憑。

別以為參觀瑟谷是一件容易的事。

很多人聽說瑟谷和別的學校「不一樣」，因此想來參觀一下。

可是語言在每個人心中的涵義不同。對我們而言，「學校」指的是瑟谷。對別人而言，學校代表著另一回事——教室、書桌、小孩和老師在教室裡工作、餐廳、上課鈴聲……。

訪客來了瑟谷，車子一停下來就看到許多孩子跑來跑去地在玩耍。

他們會以為：「哦，現在正是下課時間。」

他們走到房子前詢問辦公室在哪裡。十之八九，會有一個小小孩子很和氣地帶他們去辦公室。

他們會說：「好成熟的小孩。一定是這裡的資優生。」

辦公室裡也許有大人，也許沒有。人們來來去去的。三個十歲小孩圍著打字機，不知在打些什麼文件。

他們心想：「誰在看管辦公室呀？」

終於，他們找到了當天負責接待訪客的人。是個大人。還好！他們總算放心了。

事實上，短短一次參觀很難了解瑟谷。不論真正看到了什麼，我們通常只看得入眼我們想要看的東西。當我們在一個陌生的環境裡的時候，我們會用自己熟悉的標準來評估它，因此有失真實。這是無法避免的。

「簡報」之後，訪客便可以自由活動了。他們應該保持禮貌。絕大多數的訪客，不論多麼震驚，都會注意禮貌。但是偶爾會有一些粗魯的訪客。

他也許會問一個九歲孩子：「你是幾年級？」

「我們不分年級。」

「你在上什麼課？」

「沒有啊！」

「你會讀書了嗎？」

「會。」

「你不覺得你該上社會課嗎？」

小孩不高興了，這傢伙是誰？

「不上課，以後怎麼上大學呢？」

九歲的孩子不知如何回答。訪客繼續說教。小孩跑掉了，繼續去玩，心裡在猜是誰讓這個討厭鬼來的。

這種對話我聽多了。我們以前會很生氣，現在不生氣了。我們只不在意地聳聳肩膀，心中有些厭惡。

有的訪客令人如沐春風。他們很快地進入狀況、放輕鬆、享受這個獨特的經驗。

有時候，入學報名時我們會有下面的對話：

「你是怎麼聽說我們學校的？」

「哦，我以前來參觀過。我是跟教育系的學生來參觀的。」

「這麼多年來，你還記得我們？」

「那次參觀愉快極了。我一直忘不了這個地方。我的孩子要上學了，我必須帶他來這裡。」

也有人回來當義工，甚至申請教職。

申請教職的人通常得多待一陣子。幾個星期，或者更久。

超過一天的參觀必須得到校務會議的通過。通常是沒問題的。長期訪客視同為學校的一份子，他們可以自由走動、玩耍、教學、幫忙。不用多久，我們便彼此熟識了。

每位新進教員都得經過這個程序。不經過長期觀察，沒有人敢輕易做任何承諾。

偶爾有那麼幾個長期訪客令人受不了。他們好像英國殖民官，在非洲草原上，穿著豪華官服喝下午茶。他們真的想來「感化」我們。

有這麼一個訪客說：「我是個好老師，我會很受孩子歡迎。一向如此。」他在公告欄上貼了一串通知，開始一系列的課程。他的興致高昂，非常熱心，是那種有意做出來引發孩子興趣的那種熱情。多年來，我們的孩子很少看過這種人。這是個新的經驗。校園中出現了新的人種。

第一堂課吸引了一堆孩子。熱情先生很快樂地宣布：「我們來玩一種遊戲！」這個遊戲當然有它的「教育」目的——數學。我們這些教師看了，真怕這人會留下來做我們的同事。我們擔心著：「這些孩子一定會上鉤，他們完全不懂得是怎麼回事。」

一個星期過後，這人已經氣得離開了。沒人喜歡他。孩子們很快就發現上當了。這令我想起很久之前，發生在我的大兒子身上的事。他那時才三歲。我想騙他吃胡蘿蔔。我拿了一根胡蘿蔔，津津有味地大嚼起來，吃得唇齒有聲。我說：「嗯，真好吃！」他說：「我不喜歡胡蘿蔔！」簡單明瞭。他才不上當。

孩子比我們想像的聰明多了。

很多時候，也比大人聰明多了。

在瑟谷，他們有機會發展出對自我的認知。我們的孩子不論生理上，還是心理上都不脆弱。

我們歡迎訪客參觀，毫不擔心他們對瑟谷的影響。我們會要求粗魯的客人離開。好的訪客，有時會永遠留下來呢！

35 自由與正義

完全的公平很難做到，任何社會都一樣。在學校中更形困難。

我永遠忘不了十一歲的時候，正在上數學課，覺得無聊透了，一直想打瞌睡。我伸展雙臂，想弄醒自己。很不幸的是，老師正在生氣，剛剛才說過：「你們之中，誰自以為聰明的就舉手！」於是我被罰禁足三天。

我們多半有這種經驗。十二年學校經驗，我最怕的就是老師的無限權力，學生想要辯解都不行。我們決定瑟谷一定不可重蹈覆轍。

我們做到了。

創校時，沒有人知道要如何用公平的方法維持秩序與正義。唯一還算公平的前例是尼爾（A.S. Neill）的夏山學校（Summerhill School），他們用校務會議來解決問題。

我們也試著在校務會議中解決紀律問題。會議議程中，第一項是事務公告，第二項便是心情時間，用來解決一切衝突。

如我們所料，日子一久，心情時間越拖越長。很快地，別的事情都不用談了。每次會議長達三、四小時，每週有兩、三個會議要開。大部分的時間被用來抱怨這個學生做了什麼、那個孩子做了什麼、誰誰誰說要做什麼……。

時間浪費了不說，我們的挫折感也越來越深。我們試圖公平，但是結果呢？心情時間總是雙方各說各話，沒有交集，而且充滿了強烈的情緒。我們很少能夠把事實真相弄清楚，除非再花大量時間進去。第一年秋天的一場火災使我們受到了最大的考驗。我們花了三個整天開「心情時間」，才把這件事搞清楚！

一定得想辦法了！我們研究了半天，沒有先例可循。

我們終於想通了，學校的問題和社會的問題沒有什麼不同。社會已經花了幾千年的時間發展出一套解決辦法，各種不同的社會都有自己的一套法治體系。

我們仔細研討我們的社會傳統及其精神。沒多久，我們組織了學校的法治系統。

這個系統很簡單：必須有公正而徹底的調查，每一個案件要明確指出所犯校規是哪一條，公開審判，被告權益要受到保護，證據要充分，判決要公正、合理。雖然美國憲法明文規定國民權利並不適用於未成年人，但是在瑟谷，不分年紀，每個人都擁有完全平等的權利。

第一年冬天，瑟谷法庭成立了，隸屬於校務會議管轄。多年來稍有修正，但是結構始終沒有改變。

瑟谷法庭是我們的快樂與驕傲。法庭運作順利，每年要處理上百件案子，有時一週有十或二十個案子。年年如此，沒有一點問題。很少有人質疑它的公平性。

法庭的權力中心是法治委員會（Judicial Committee）。委員包括學校中各年齡層的孩子，以抽籤方式選出。每次開庭，都有一位老師輪流參與。校務會議一年四次選出法治委員會的召集人。

法庭每週開庭數次。每個人都可以提出告訴狀，控告別人違反校規。法庭必須盡全力調查每一個案子。證人和兩造說辭都需考慮，然後才達成結論。

既然每一個人都能參與，法庭是屬於每一個人的。結果沒有人想蓄意欺騙，雖然常有各執一辭的情況。實際上，大家都很合作。

最有趣的是，孩子們學會了分辨自己的需要與社會的需要。每個人都明白，學校要想存續下去，大家都得遵守校規。這是公務。意思是：每個人都得幫忙執行校規、做獨立而公正的判斷、誠實地做證，即使是牽涉到自己的好朋友。法庭結案之後，私人關係恢復，一切如常，不受影響。

一次又一次，我看到好朋友們在法庭中爭論不休，事後又好像沒事似的一起玩耍、工作。對新生而言，尤其是轉學生，這一點很難適應。他們習慣了對立，告狀的就是小人。有時候要過了很久才能習慣下來，但是最後都會習慣了。別無他法。

在我們學校，寫告訴狀叫做「叫某某人上來」。我們都不記得為什麼大家這樣說了。有人認為是因為以前的法庭在二樓，得叫人上樓出庭。

有一個五歲小孩告訴一個新生：「你再不停止那樣做，我就要叫你上來了。」不明就理的新生的立即反應是：「那麼我就會再跑下去！」

不會寫字的小孩必須請別人代筆——社會上至今也有許多人請代書寫狀紙。通常，大孩子會幫忙，老師也總會樂於幫忙。

偶爾會有人公報私仇。他們會針對某人提出一連串的告訴狀，這叫做蓄意干擾（harrassment），法庭很快會看穿他們的手段。如果一個人總是被告，只有兩種可能：他是個愛犯規的傢伙，或者是有人在找他麻煩。法庭對蓄意找麻煩的人是不寬貸的。

有時候，玩得太過火或爭論太熾熱也會引發一批告訴狀。到了法庭上，大家都已經冷靜下來了。這種案子或者不予受理，或者很輕易的可以和解。多半時候，還在寫狀紙的當口，就冷靜下來了。我這裡有一份典型的紀錄：

〈當你年輕的時候——一個真實的故事〉

「幫我們寫一張告訴狀好嗎？」

我正坐在辦公室外的沙發上。九歲的艾佛里和七歲的雪倫正看著我：

「也許我們該去找瑪姬幫忙。」

我看看他們：「幫什麼忙？」

「史基普和麥克在安靜室干擾我們的活動。」

我心想：不知我是否該控告他們跑到安靜室去玩。

「當然。」我們走進空無一人的辦公室。

下午一點半。所有的教職員都在音響室和學生開會。他們從十一點開始討論，新添的音響設備要如何管理。比起來，我現在要做的工作量真是微不足道。無論如何，原子筆在手，我坐下來準備正經工作。艾佛里站在右邊，雪倫站在桌子左邊。兩個人都目不轉睛地盯著我的一舉一動。對他們而言，這是件很重要的事。

告訴狀攤開，我問艾佛里：「從頭開始說吧！」

艾佛里有點擔心：「也許我不該先罵他們。可能是我的錯。」

「從頭說起，究竟是怎麼一回事？」

「吉姆和我在穀倉玩。史基普和麥可跑進來，取笑丹尼斯。」

我問：「丹尼斯也在那兒？」

「他進來了。然後他們才來。我為了保護丹尼斯，就罵了他們。我是為了要幫忙他。」

我真懷疑十二歲的丹尼斯會需要九歲的艾佛里的保護。我要他繼續說：

「他們就追我們。史基普搶走我的帽子，我們就跑出穀倉。丹尼爾、吉姆和我都逃走了。」

我再次修正我手中寫的紀錄：「丹尼爾也在現場？」

「丹尼斯、麥可和史基普追我們。我逃掉了，搶回我的帽子，然後史基普抓住我，把我拖回穀倉，可是我們全逃掉了——」

我插嘴：「等一等，為什麼丹尼斯也追你？你不是在保護他嗎？」我覺得真相越來越撲朔迷離了。

艾佛里微笑了：「我也不知道。」他繼續形容當時的狀況，越說越興奮，沒人阻止得了他。他的兩眼發光。

「我們想跑回校舍，可是他們把吉姆關在運動器材室，丹尼爾跑掉了，告訴我吉姆被關了，要我去救吉姆。我假裝要幫他們把吉姆關起來，可是我真正不是要幫他們，他就逃掉了，結果我被關進去了，可是我也逃跑了——」

這時候，吉姆很快樂地走進來，站在雪倫身邊。他一點也不像是剛剛被欺負過的樣子。

艾佛里簡直說個沒完，我問他：「好玩不好玩？」

他大笑起來：「噢，真好玩！」

我又問吉姆：「你呢？」

「好玩。我不要寫告訴狀。」

艾佛里抗議了：「可是他們打斷了我們的遊戲！」

我問：「什麼遊戲？」

「魔術表演。」

我沒聽說有魔術表演。明知會再也聽不完，我仍裝著很天真地問他：「什麼魔術表演？」

艾佛里說：「雪倫和辛蒂的。」

丹尼爾也快樂地走過來了。雪倫本來很安靜，一聽到自己的名字被提起，精神就來了：「我們想要趕他們出去，可是他們不肯走。我們就推他們。」她也是越說越興奮。艾佛里適時加入：「我也幫忙趕他們。」丹尼爾在笑，吉姆很安靜。

吉姆開口了：「我把告訴狀撕掉可以嗎？」

雪倫笑了，丹尼爾笑了，我問艾佛里：「如果你告他們，會發生什麼事？」

他很有信心地說：「他們就會停止。」

我問：「你要他們真的停止嗎？」

他大笑：「不要。」

吉姆撕了告訴狀。大家都很滿意。艾佛里在走前，笑嘻嘻地問我：

「你小時候，有沒有這種冒險？」

自從有法庭以來，只有一個學生被校務會議決議退學。再也沒有別的統計數字比這更能證明法庭制度的有效了。事實上，學校中的每一份子都有公平的機會。沒有人害怕威權，沒有人害怕成人、老師或任何人，大家都是平等的一份子。在這裡，年紀、性別及身分都不會成為藉口來保護不公不義的行為。在這裡，每個人的自由都有社會公義保護著。這是我對瑟谷感到最驕傲的地方。

36 最終的問題

能說的話都說過了，問題仍是同一個：到底瑟谷是怎樣的一家學校？到底是什麼樣的感覺？到底是怎樣一個情形？

乍看之下，再粗心的人也會看出不同之處。首先就是到處都是孩子。大家都覺得學校像是永遠處於「下課」狀態——孩子們自由活動、吵鬧、充滿活力。

環境也在強化這種印象。校園是一片老農地，內戰時期的建築。大部分建築仍保持原有風貌。牆壁的石材是就近取得的，已久不再生產。這種石材建築已不多見，益添學校的獨特性——這種獨樹一格的精神深植人心。

草皮、大樹、樹叢、野花、池塘、土石壩、磨房、穀倉和馬廄——都形成了一種古拙之美。法明罕鎮是一個充滿活力的小鎮，有工業、商業、大型購物中心、國民住宅、高速公路和便道——現代城鎮該有的，它全有了。這是學校外面的大環境，但是學校四周卻充滿自然的風味、校園旁便是州立公園和一大片自然保護區，這都使得學校益發美麗。

可是我們不住在城堡或大廈中。我們不是富人，不是上流社會人士。原屋主納森尼爾．包迪屈是麻省有名的水手，他的航海表至今仍在航海界流傳。他是一個平常人，他建立的家園是一個平常的農莊，而不是紳士住的別墅。這片物業也老了，像平常人一樣，不像王子一般。它到處需要修補：天花板和牆壁上的裂痕、石板受到風雨侵蝕——時間不饒人，就像老人臉上的皺紋，再多的護膚乳液也抹不平了。我們的校舍散發出一股古老的高貴氣質，但是它顯然是老了，到處都可以看到被人使用過的痕跡。那是真實的人，真實地生活在這一片土地上。

其中的傢具更是相形益彰，它們相當平常：桌子、椅子、沙發……就像在家裡一樣。這些全是二手貨，或買或捐，一看就知道是用過的東西。大家在這裡都很輕鬆，不會不敢使用這些傢具和環境。同時大家也覺得更

瑟谷的特色便是輕鬆和愛惜。人們在這裡很自在，不嚴肅、不緊張、不焦慮。孩子的眉頭從不緊蹙、眼睛清澈、雙眼直視對方，每個人都關心別人。

加愛惜，因為不小心使用，這些東西就會壞了。輕鬆與愛惜這兩種感覺在學校中並行不悖。

琵谷的特色便是輕鬆和愛惜。人們在這裡很自在，不嚴肅、不緊張、不焦慮。孩子的眉頭從不緊蹙、眼睛清澈、雙眼直視對方，每個人都關心別人——自己的朋友、別的學生、老師、家長、訪客。不論是誰，有事大家都會幫忙。他們關心學校，希望學校生存得更好，幫助學校解決困難。

來參觀的人必然不會錯過這一點。這種精神充滿各處。

對每一件事而言，時間都是靜止的。人們很忙，專心做事，但是沒有人催他們。在這裡時鐘很少，沒有人提醒別人時光正在流逝。

人們隨時來去，不論早晚。如果他們想趁沒人在的時候來學校，就拿走一把鑰匙，這把鑰匙通往學校的一切財產。沒有人懷疑這種信任。

信任的氣氛充塞各處，明顯易見。私人物品到處可見，門都不上鎖，儀器開放使用，完全不收起來。琵谷是這樣一個地方！開放入學，每個人都可以入學。一旦加入，馬上會感覺到那股溫暖和信任。

這個學校感覺上很像一個社區，雖然我們沒有學生宿舍，也不是一個緊密的團體。大家一開始都是陌生人，慢慢成為朋友。雖然沒有人牽線，但是家長們都會彼此認識，成為好朋友。放學以後，孩子們會互相聯絡交往，形成一輩子的朋友。

學校就像一個村莊——過去和未來的村莊。人們自由形成互動關係。每個人都是自由的，但是互相結合的根柢卻很深。我們是終身的朋友。畢業五年、十年、十五年後，校友會回來看我們，受到家人般的歡迎，他們也都感到自在。他們是我們的一部分，這永遠不會改變。沒有什麼尷尬，也沒有什麼奇怪。

過去、現在、未來會融合成瑟谷的生命。孩子們聽了許多過去的故事，有一天故事中的主角出現了：「啊——你就是那個瑪姬說的某某某？」他們坐在一起，交換過去與現在的故事，分手後各奔東西，這一切再自然不過了。

然而，任何一個人都不用為了學校改變自我。沒有人要求忠誠，沒有人要求大家同步，沒有人要求別人為了學校犧牲自己的夢。瑟谷證明了，一群人可以自由地形成一個團體，彼此尊重、彼此支持，並因此實現個人的夢想、形成彼此互信的友誼，顛撲不破。方法很簡單：自由、尊重、責任、支持。每一個人都可以做得到。

現在，你有比較了解瑟谷學校了嗎？

跋

成果

每個人最終都得離開瑟谷，進入社會，獨立生活。他們後來的生活狀況正足以顯示學校教育的成敗。

很多小孩希望離開的時候，能得到一張高中文憑。我們花了一年時間研究這個文憑要怎麼給。

我們不能憑藉一般標準：成績、修課、學分、年級。我們這裡沒有這些制度。

文憑本身似乎與瑟谷精神背道而馳。文憑是學校發出的證明文件，這裡面必然有某些價值判斷。這不是違反了我們的立校精神嗎？

我們終於想出了兩全其美的辦法。想法很簡單：我們辦學的目的是讓學生進入社會時，有能力獨立生活。文憑的條件便以此為標準。

想要文憑的學生要在全校面前，提出說明，證明自己能夠在社會中成為負責任的一份子。他們的說明必須合情合理、有說服力。怎麼著手是他們的事。他們可以尋求協助。

他們發表完了之後，大家可以提出問題。討論往往很熱烈。討論結束之後，如果當事人仍有信心，就向學校提出申請。

全校師生投票決定是否給予文憑。這算不算是價值判斷呢？當然是。但是這個價值判斷是學生指明要求的，並不違反我們的立校精神。

文憑認可程序很難。幾個人試過之後，老師們說：「我真高興自己不需要申請瑟谷的文憑。」有的學生十六歲就申請文憑。多半的人會等到十七或十八歲才試。這麼多年來，只有一個人想矇混過關。學校沒有上當，他走的時候沒有拿到文憑。十年後，他寫信來謝謝我們當年沒有讓他自欺欺人。

很多學生沒有文憑就離開了。我們不在乎。我們在乎的是他們有沒有準備好去面對人生。在瑟谷學校，他們有沒有培養出內在的力量。

學校已經有了許多成功的校友。

許多學生升了大學或接受專業訓練。想上大學的人，全部進了大學。大部分的孩子上了他們心目中的第一志願。正如我們所料，非傳統的養成教育對他們的入學申請有利，而不是有弊的。有沒有文憑都一樣。

有些人畢業之後直接就業。他們的職位各異：主管、修車技工、音樂家、藝術家、推銷員、技術員、設計師……等等。接受進一步高等教育的人也進了各行各業。我們一點也不驚奇。

打電話請專攻造園的校友來為學校做造園工程，或是與一位畢業於瑟谷的按摩治療師約定治療時間都是一件非常令人滿足的事。

或許，在未來日子中，我們之中還有人需要殯儀業者的服務呢！從瑟谷畢業的成功人士身上看不到自大的現象，這是因為學校一向很謹慎地不給任何工作貼上價值標籤。我們不覺得升大學是最好的路，做生意是次之的路，技術訓練是給笨蛋做的事。學校時時強調，任何活動都是平等的，只要真正有興趣，就是好的。我們喜歡分辨真正的興趣和淺薄不誠實的興趣，不分辨什麼是「值得的」、什麼是「不值得的」興趣。

因此學校中的成員都能和平共處。這種人生態度將陪伴他們一生，不論他們做什麼選擇，都能自在地與人和睦相處。

我們做了校友的追蹤調查。這方面的數據越來越多。調查結果顯示，校友們普遍都很獨立，自我意識清晰，人生有目標。

他們的共同處是：他們知道自己的童年沒有被剝奪。在瑟谷，他們的童年要多長就有多長。我們能夠給他們的最好的教育，就是不要去干涉他們。僅只是不去剝奪他們的自主性，我們便幫助了他們——比那些一心想「幫助」孩子學習的人更來得有益。

曾與我們分享童年的成人們，這就是瑟谷傳奇——你們的故事。

註：本書中的學生姓名都已更改，以保護他們的隱私。

瑟谷學校的地址：2 Winch Street Framingham, MA 01701 U.S.A.
電話：0021-508-877-3030
傳真：0021-508-788-0674

橡樹林文化 ❖❖ 眾生系列 ❖❖ 書目

JP0027	全然接受這樣的我	塔拉・布萊克◎著	330 元
JP0028	寫給媽媽的佛法書	莎拉・娜塔莉◎著	300 元
JP0029	史上最大佛教護法—阿育王傳	德干汪莫◎著	230 元
JP0030	我想知道什麼是佛法	圖丹・卻淮◎著	280 元
JP0031	優雅的離去	蘇希拉・布萊克曼◎著	240 元
JP0032	另一種關係	滿亞法師◎著	250 元
JP0033	當禪師變成企業主	馬可・雷瑟◎著	320 元
JP0034	智慧 81	偉恩・戴爾博士◎著	380 元
JP0035	覺悟之眼看起落人生	金菩提禪師◎著	260 元
JP0036	貓咪塔羅算自己	陳念萱◎著	520 元
JP0037	聲音的治療力量	詹姆斯・唐傑婁◎著	280 元
JP0038	手術刀與靈魂	艾倫・翰彌頓◎著	320 元
JP0039	作為上師的妻子	黛安娜・J・木克坡◎著	450 元
JP0040	狐狸與白兔道晚安之處	庫特・約斯特勒◎著	280 元
JP0041	從心靈到細胞的療癒	喬思・慧麗・赫克◎著	260 元
JP0042	27% 的獲利奇蹟	蓋瑞・賀許伯格◎著	320 元
JP0043	你用對專注力了嗎？	萊斯・斐米博士◎著	280 元
JP0044	我心是金佛	大行大禪師◎著	280 元
JP0045	當和尚遇到鑽石 2	麥可・羅區格西◎等著	280 元
JP0046	雪域求法記	邢肅芝（洛桑珍珠）◎口述	420 元
JP0047	你的心是否也住著一隻黑狗？	馬修・約翰史東◎著	260 元
JP0048	西藏禪修書	克莉絲蒂・麥娜麗喇嘛◎著	300 元
JP0049	西藏心瑜伽 2	克莉絲蒂・麥娜麗喇嘛◎等著	300 元
JP0050	創作，是心靈療癒的旅程	茱莉亞・卡麥隆◎著	350 元
JP0051	擁抱黑狗	馬修・約翰史東◎著	280 元
JP0052	還在找藉口嗎？	偉恩・戴爾博士◎著	320 元
JP0053	愛情的吸引力法則	艾莉兒・福特◎著	280 元
JP0054	幸福的雪域宅男	原人◎著	350 元
JP0055	貓馬麻	阿義◎著	350 元

JP0056	看不見的人	中沢新一◎著	300元
JP0057	內觀瑜伽	莎拉・鮑爾斯◎著	380元
JP0058	29個禮物	卡蜜・沃克◎著	300元
JP0059	花仙療癒占卜卡	張元貞◎著	799元
JP0060	與靈共存	詹姆斯・范普拉◎著	300元
JP0061	我的巧克力人生	吳佩容◎著	300元
JP0062	這樣玩，讓孩子更專注、更靈性	蘇珊・凱瑟・葛凌蘭◎著	350元
JP0063	達賴喇嘛送給父母的幸福教養書	安娜・芭蓓蔻爾・史蒂文・李斯◎著	280元
JP0064	我還沒準備說再見	布蕾克・諾爾&帕蜜拉・D・布萊爾◎著	380元
JP0065	記憶人人hold得住	喬許・佛爾◎著	360元
JP0066	菩曼仁波切	林建成◎著	320元
JP0067	下面那裡怎麼了？	莉莎・瑞金◎著	400元
JP0068	極密聖境・仰桑貝瑪貴	邱常梵◎著	450元
JP0069	停心	釋心道◎著	380元
JP0070	聞盡	釋心道◎著	380元
JP0071	如果你對現況感到倦怠……	威廉・懷克羅◎著	300元
JP0072	希望之翼：倖存的奇蹟，以及雨林與我的故事	茱莉安・柯普科◎著	380元
JP0073	我的人生療癒旅程	鄧嚴◎著	260元
JP0074	因果，怎麼一回事？	釋見介◎著	240元
JP0075	皮克斯動畫師之紙上動畫《羅摩衍那》	桑傑・帕特爾◎著	720元
JP0076	寫，就對了！	茱莉亞・卡麥隆◎著	380元
JP0077	願力的財富	釋心道◎著	380元
JP0078	當佛陀走進酒吧	羅卓・林茲勒◎著	350元
JP0079	人聲，奇蹟的治癒力	伊凡・德・布奧恩◎著	380元
JP0080	當和尚遇到鑽石3	麥可・羅區格西◎著	400元
JP0081	AKASH阿喀許靜心100	AKASH阿喀許◎著	400元
JP0082	世上是不是有神仙：生命與疾病的真相	樊馨蔓◎著	300元
JP0083	生命不僅僅如此—辟穀記（上）	樊馨蔓◎著	320元
JP0084	生命可以如此—辟穀記（下）	樊馨蔓◎著	420元
JP0085	讓情緒自由	茱迪斯・歐洛芙◎著	420元
JP0086	別癌無恙	李九如◎著	360元

JP0087	什麼樣的業力輪迴，造就現在的你	芭芭拉．馬丁&狄米崔．莫瑞提斯◎著	420元
JP0088	我也有聰明數學腦：15堂課激發被隱藏的競爭力	盧采嫻◎著	280元
JP0089	與動物朋友心傳心	羅西娜．瑪利亞．阿爾克蒂◎著	320元
JP0090	法國清新舒壓著色畫50：繽紛花園	伊莎貝爾．熱志－梅納&紀絲蘭．史朵哈&克萊兒．摩荷爾－法帝歐◎著	350元
JP0091	法國清新舒壓著色畫50：療癒曼陀羅	伊莎貝爾．熱志－梅納&紀絲蘭．史朵哈&克萊兒．摩荷爾－法帝歐◎著	350元
JP0092	風是我的母親	熊心、茉莉．拉肯◎著	350元
JP0093	法國清新舒壓著色畫50：幸福懷舊	伊莎貝爾．熱志－梅納&紀絲蘭．史朵哈&克萊兒．摩荷爾－法帝歐◎著	350元
JP0094	走過倉央嘉措的傳奇：尋訪六世達賴喇嘛的童年和晚年，解開情詩活佛的生死之謎	邱常梵◎著	450元
JP0095	【當和尚遇到鑽石4】愛的業力法則：西藏的古老智慧，讓愛情心想事成	麥可．羅區格西◎著	450元
JP0096	媽媽的公主病：活在母親陰影中的女兒，如何走出自我？	凱莉爾．麥克布萊德博士◎著	380元
JP0097	法國清新舒壓著色畫50：璀璨伊斯蘭	伊莎貝爾．熱志－梅納&紀絲蘭．史朵哈&克萊兒．摩荷爾－法帝歐◎著	350元
JP0098	最美好的都在此刻：53個創意、幽默、找回微笑生活的正念練習	珍．邱禪．貝斯◎著	350元
JP0099	愛，從呼吸開始吧！回到當下、讓心輕安的禪修之道	釋果峻◎著	300元
JP0100	能量曼陀羅：彩繪內在寧靜小宇宙	保羅．霍伊斯坦、狄蒂．羅恩◎著	380元
JP0101	爸媽何必太正經！ 幽默溝通，讓孩子正向、積極、有力量	南琦◎著	300元
JP0102	舍利子，是什麼？	洪宏◎著	320元
JP0103	我隨上師轉山：蓮師聖地溯源朝聖	邱常梵◎著	460元
JP0104	光之手：人體能量場療癒全書	芭芭拉．安．布藍能◎著	899元
JP0105	在悲傷中還有光： 失去珍愛的人事物，找回重新連結的希望	尾角光美◎著	300元
JP0106	法國清新舒壓著色畫45：海底嘉年華	小姐們◎著	360元

JP0108	用「自主學習」來翻轉教育！沒有課表、沒有分數的瑟谷學校	丹尼爾・格林伯格◎著	300 元
JP0109	Soppy 愛賴在一起	菲莉帕・賴斯◎著	300 元
JP0110	我嫁到不丹的幸福生活：一段愛與冒險的故事	琳達・黎明◎著	350 元
JP0111	TTouch® 神奇的毛小孩按摩術——狗狗篇	琳達・泰林頓瓊斯博士◎著	320 元
JP0112	戀瑜伽・愛素食：覺醒，從愛與不傷害開始	莎朗・嘉儂◎著	320 元
JP0113	TTouch® 神奇的毛小孩按摩術——貓貓篇	琳達・泰林頓瓊斯博士◎著	320 元
JP0114	給禪修者與久坐者的痠痛舒緩瑜伽	琴恩・厄爾邦◎著	380 元
JP0115	純植物・全食物：超過百道零壓力蔬食食譜，找回美好食物真滋味，心情、氣色閃亮亮	安潔拉・立頓◎著	680 元
JP0116	一碗粥的修行：從禪宗的飲食精神，體悟生命智慧的豐盛美好	吉村昇洋◎著	300 元
JP0117	綻放如花——巴哈花精靈性成長的教導	史岱方・波爾◎著	380 元
JP0119	直面生死的告白——一位曹洞宗禪師的出家緣由與說法	南直哉◎著	350 元
JP0120	OPEN MIND！房樹人繪畫心理學	一沙◎著	300 元
JP0121	不安的智慧	艾倫・W・沃茨◎著	280 元
JP0122	寫給媽媽的佛法書：不煩不憂照顧好自己與孩子	莎拉・娜塔莉◎著	320 元
JP0123	當和尚遇到鑽石 5：修行者的祕密花園	麥可・羅區格西◎著	320 元
JP0124	貓熊好療癒：這些年我們一起追的圓仔 ~~ 頭號「圓粉」私密日記大公開！	周咪咪◎著	340 元
JP0125	用血清素與眼淚消解壓力	有田秀穗◎著	300 元
JP0126	當勵志不再有效	金木水◎著	320 元
JP0127	特殊兒童瑜伽	索妮亞・蘇瑪◎著	380 元
JP0128	108 大拜式	JOYCE（翁憶珍）◎著	380 元
JP0129	修道士與商人的傳奇故事：經商中的每件事都是神聖之事	特里・費爾伯◎著	320 元
JP0130	靈氣實用手位法——西式靈氣系統創始者林忠次郎的療癒技術	林忠次郎、山口忠夫、法蘭克・阿加伐・彼得◎著	450 元
JP0131	你所不知道的養生迷思——治其病要先明其因，破解那些你還在信以為真的健康偏見！	曾培傑、陳創濤◎著	450 元
JP0132	貓僧人：有什麼好煩惱的喵～	御誕生寺（ごたんじょうじ）◎著	320 元
JP0133	昆達里尼瑜伽——永恆的力量之流	莎克蒂・帕瓦・考爾・卡爾薩◎著	599 元
JP0134	尋找第二佛陀・良美大師——探訪西藏象雄文化之旅	寧艷娟◎著	450 元

JP0135	聲音的治療力量：修復身心健康的咒語、唱誦與種子音	詹姆斯・唐傑婁◎著	300 元
JP0136	一大事因緣：韓國頂峰無無禪師的不二慈悲與智慧開示（特別收錄禪師台灣行腳對談）	頂峰無無禪師、天真法師、玄玄法師◎著	380 元
JP0137	運勢決定人生——執業 50 年、見識上萬客戶資深律師告訴你翻轉命運的智慧心法	西中　務◎著	350 元
JP0138	心靈花園：祝福、療癒、能量——七十二幅滋養靈性的神聖藝術	費絲・諾頓◎著	450 元
JP0139	我還記得前世	凱西・伯德◎著	360 元
JP0140	我走過一趟地獄	山姆・博秋茲◎著 貝瑪・南卓・泰耶◎繪	699 元
JP0141	寇斯的修行故事	莉迪・布格◎著	300 元
JP0142	全然接受這樣的我：18 個放下憂慮的禪修練習	塔拉・布萊克◎著	360 元
JP0143	如果用心去愛，必然經歷悲傷	喬安・凱恰托蕊◎著	380 元
JP0144	媽媽的公主病：活在母親陰影中的女兒，如何走出自我？	凱莉爾・麥克布萊德博士◎著	380 元
JP0145	創作，是心靈療癒的旅程	茱莉亞・卡麥隆◎著	380 元
JP0146	一行禪師　與孩子一起做的正念練習：灌溉生命的智慧種子	一行禪師◎著	450 元
JP0147	達賴喇嘛的御醫，告訴你治病在心的藏醫學智慧	益西・東登◎著	380 元
JP0148	39 本戶口名簿：從「命運」到「運命」．用生命彩筆畫出不凡人生	謝秀英◎著	320 元
JP0149	禪心禪意	釋果峻◎著	300 元
JP0150	當孩子長大卻不「成人」……接受孩子不如期望的事實、放下身為父母的自責與內疚，重拾自己的中老後人生！	珍・亞當斯博士◎著	380 元
JP0151	不只小確幸，還要小確「善」！每天做一點點好事，溫暖別人，更為自己帶來 365 天全年無休的好運！	奧莉・瓦巴◎著	460 元
JP0154	祖先療癒：連結先人的愛與智慧，解決個人、家庭的生命困境，活出無數世代的美好富足！	丹尼爾・佛爾◎著	550 元
JP0155	母愛的傷也有痊癒力量：說出台灣女兒們的心裡話，讓母女關係可以有解！	南琦◎著	350 元

JP0156	24 節氣　供花禮佛	齊云◎著	550 元
JP0157	用瑜伽療癒創傷： 以身體的動靜，拯救無聲哭泣的心	大衛・艾默森 伊麗莎白・賀伯 ◎著	380 元
JP0158	命案現場清潔師：跨越生與死的斷捨離・ 清掃死亡最前線的真實記錄	盧拉拉◎著	330 元
JP0159	我很瞎，我是小米酒： 台灣第一隻全盲狗醫生的勵志犬生	杜韻如◎著	350 元
JP0160	日本神諭占卜卡： 來自衆神、精靈、生命與大地的訊息	大野百合子◎著	799 元
JP0161	宇宙靈訊之神展開	王育惠、張景雯◎著繪	380 元
JP0162	哈佛醫學專家的老年慢療八階段：用三十年照顧老大人的經驗告訴你，如何以個人化的照護與支持，陪伴父母長者的晚年旅程。	丹尼斯・麥卡洛◎著	450 元
JP0163	入流亡所：聽一聽・悟、修、證《楞嚴經》	頂峰無無禪師◎著	350 元
JP0165	海奧華預言：第九級星球的九日旅程・ 奇幻不思議的真實見聞	米歇・戴斯馬克特◎著	400 元
JP0166	希塔療癒：世界最強的能量療法	維安娜・斯蒂博◎著	620 元
JP0167	亞尼克　味蕾的幸福：從切片蛋糕到生 乳捲的二十年品牌之路	吳宗恩◎著	380 元
JP0168	老鷹的羽毛——一個文化人類學者的靈性之旅	許麗玲◎著	380 元
JP0169	光之手 2：光之顯現——個人療癒之旅・ 來自人體能量場的核心訊息	芭芭拉・安・布藍能◎著	1200 元
JP0170	渴望的力量：成功者的致富金鑰・ 《思考致富》特別金賺祕訣	拿破崙・希爾◎著	350 元
JP0171	救命新 C 望：維生素 C 是最好的藥， 預防、治療與逆轉健康危機的秘密大公開！	丁陳漢蓀、阮建如◎著	450 元
JP0172	瑜伽中的能量精微體： 結合古老智慧與人體解剖、深度探索全身的奧秘潛能，喚醒靈性純粹光芒！	提亞斯・里托◎著	560 元
JP0173	咫尺到淨土： 狂智喇嘛督修・林巴尋訪聖境的真實故事	湯瑪士・K・修爾◎著	540 元
JP0174	請問財富・無極瑤池金母親傳財富心法： 為你解開貧窮困頓、喚醒靈魂的富足意識！	宇色 Osel ◎著	480 元
JP0175	歡迎光臨解憂咖啡店：大人系口味・ 三分鐘就讓您感到幸福的真實故事	西澤泰生◎著	320 元

JP0176	內壇見聞：天官武財神扶鸞濟世實錄	林安樂◎著	400 元
JP0177	進階希塔療癒： 加速連結萬有，徹底改變你的生命！	維安娜．斯蒂博◎著	620 元
JP0178	濟公禪緣：值得追尋的人生價值	靜觀◎著	300 元
JP0179	業力神諭占卜卡—— 遇見你自己．透過占星指引未來！	蒙特．法柏 （MONTE FARBER）◎著	990 元
JP0180	光之手 3：核心光療癒—— 我的個人旅程．創造渴望生活的高階療癒觀	芭芭拉．安．布藍能◎著	799 元
JP0181	105 歲針灸大師治癒百病的祕密	金南洙◎著	450 元
JP0182	透過花精療癒生命：巴哈花精的情緒鍊金術	柳婷◎著	400 元
JP0183	巴哈花精情緒指引卡： 花仙子帶來的 38 封信——個別指引與練習	柳婷◎著	799 元
JP0184X	醫經心悟記——中醫是這樣看病的	曾培傑、陳創濤◎著	480 元
JP0185	樹木教我的人生課：遇到困難時， 我總是在不知不覺間，向樹木尋找答案……	禹鐘榮◎著	450 元
JP0186	療癒人與動物的直傳靈氣	朱瑞欣◎著	400 元
JP0187	愛的光源療癒—— 修復轉世傷痛的水晶缽冥想法	内山美樹子 （MIKIKO UCHIYAMA）◎著	450 元
JP0188	我們都是星族人 0	王謹菱◎著	350 元
JP0189	希塔療癒——信念挖掘： 重新連接潛意識　療癒你最深層的內在	維安娜．斯蒂博◎著	450 元
JP0190	水晶寶石　光能療癒卡 （64 張水晶寶石卡＋指導手冊＋卡牌收藏袋）	AKASH 阿喀許 Rita Tseng 曾桂鈺◎著	1500 元
JP0191	狗狗想要說什麼——超可愛！ 汪星人肢體語言超圖解	程麗蓮（Lili Chin）◎著	400 元
JP0192	瀕死的慰藉——結合醫療與宗教的臨終照護	玉置妙憂◎著	380 元
JP0193	我們都是星族人 1	王謹菱◎著	450 元
JP0194	出走，朝聖的最初	阿光（游湧志）◎著	450 元
JP0195	我們都是星族人 2	王謹菱◎著	420 元
JP0196	與海豚共舞的溫柔生產之旅——從劍橋博士 到孕產師，找回真實的自己，喚醒母體的力量	盧郁汶◎著	380 元
JP0197	沒有媽媽的女兒——不曾消失的母愛	荷波．艾德蔓◎著	580 元
JP0198	神奇的芬活——西方世界第一座靈性生態村	施如君◎著	400 元
JP0199	女神歲月無痕——永遠對生命熱情、 保持感性與性感，並以靈性來增長智慧	克里斯蒂安．諾斯拉普醫生◎著	630 元

JP0200	願來世當你的媽媽	禪明法師◎著	450 元
JP0201	畫出你的生命之花：自我療癒的能量藝術	柳婷◎著	450 元
JP0202	我覺得人生不適合我：歡迎光臨苦悶諮商車，「瘋狂」精神科醫師派送幸福中！	林宰暎◎著	400 元
JP0203	一名尋道者的開悟之旅	嗡斯瓦米◎著	500 元
JP0204	就為了好吃？：一位餐廳老闆的真心告白，揭開飲食業變成化工業的真相	林朗秋◎著	380 元
JP0205	因為夢，我還活著：讓夢境告訴你身體到底出了什麼問題！	賴瑞・伯克 凱瑟琳・奧基夫・卡納沃斯◎著	600 元
JP0206	我是對的，為什麼我不快樂？：終結煩煩惱惱的幸福密碼	江宏志◎著	380 元
JP0207	龍神卡——開啟幸福與豐盛的大門（38 張開運神諭卡＋指導手冊＋卡牌收藏袋）	大杉日香理◎著	899 元
JP0208	希塔療癒——你與造物主：加深你與造物能量的連結	維安娜・斯蒂博◎著	400 元
JP0209	禪修救了我的命：身患惡疾、卻透過禪修痊癒的故事	帕雅仁波切 蘇菲亞・史崔—芮薇◎著	1500 元
JP0210	【首刷珍藏版】《心經》的療癒藝術：色與空的極致視覺體驗（限量附贈全球獨家精美海報，兩款隨機出貨）	葆拉・荒井◎著	1500 元
JP0211	大地之歌——全世界最受歡迎的獸醫，充滿歡笑與淚水的行醫故事【全新翻譯版本】	吉米・哈利◎著	680 元
JP0212	全然慈悲這樣的我：透過「認出」「容許」「觀察」「愛的滋養」四步驟練習，脫離自我否定的各種內心戲	吉米・哈利◎著	550 元
JP0213	徒手氣血修復運動——教你輕鬆練上焦，調和肌肉與呼吸，修復運動傷害、遠離長新冠！	李筱娟◎著	550 元
JP0214	靈魂出體之旅——對「生命」根本真理的探索記錄	羅伯特・A・門羅◎著	600 元
JP0215	人，為何而生？為何而活？	高森顯徹、 伊藤健太郎、明橋大二◎著	480 元
JP0216	祖靈的女兒——排灣族女巫包惠玲 Mamauwan 的成巫之路，與守護部落的療癒力量	包惠玲（嬷毛灣 Mamauwan）、張菁芳◎著	460 元
JP0217	雪洞——一位西方女性的悟道之旅	維琪・麥肯基 (Vicki Mackenzie)◎著	480 元

本書曾於 1997 年以《瑟谷傳奇》書名發行

衆生系列　JP0108X

用「自主學習」來翻轉教育！沒有課表、沒有分數的瑟谷學校

Free at Last: The Sudbury Valley School

作　　者／丹尼爾 · 格林伯格 Daniel Greenberg
譯　　者／丁凡、財團法人兒童教育實驗文教基金會
責任編輯／張婥婷、陳芊卉
業　　務／顏宏紋

總 編 輯／張嘉芳
出　　版／橡樹林文化
城邦文化事業股份有限公司
104 台北市民生東路二段 141 號 5 樓
電話：(02)2500-7696　傳眞：(02)2500-1951
發　　行／英屬蓋曼群島商家庭傳媒股份有限公司城邦分公司
104 台北市中山區民生東路二段 141 號 5 樓
客服服務專線：(02)25007718；25001991
24 小時傳眞專線：(02)25001990；25001991
服務時間：週一至週五上午 09:30 ～ 12:00；下午 13:30 ～ 17:00
劃撥帳號：19863813　戶名：書虫股份有限公司
讀者服務信箱：service@readingclub.com.tw
香港發行所／城邦（香港）出版集團有限公司
香港灣仔駱克道 193 號東超商業中心 1 樓
電話：(852)25086231　傳眞：(852)25789337
Email: hkcite@biznetvigator.com
馬新發行所／城邦（馬新）出版集團【Cité (M) Sdn.Bhd. (458372 U)】
41, Jalan Radin Anum, Bandar Baru Sri Petaling,
57000 Kuala Lumpur, Malaysia.
電話：(603) 90563833　傳眞：(603) 90576622
Email：services@cite.my

版面構成／優士穎企業有限公司　陳佩君 peijun@enjoy-life.com.tw
封面設計／ Javick 工作室　bon.javick@gmail.com
印　　刷／韋懋實業有限公司

初版一刷／ 2016 年 1 月
二版一刷／ 2023 年 10 月
ISBN ／ 978-626-7219-69-0
定價／ 330 元

城邦讀書花園
www.cite.com.tw

國家圖書館出版品預行編目（CIP）資料

用自主學習來翻轉教育！：沒有課表、沒有分數的瑟谷學校 / 丹尼爾．格林伯格 (Daniel Greenberg) 著；丁凡，財團法人兒童教育實驗文教基金會譯．-- 二版．-- 臺北市：橡樹林文化，城邦文化事業股份有限公司出版：英屬蓋曼群島商家庭傳媒股份有限公司城邦分公司發行，2023.10
面；　公分．--（衆生系列；JP0108X）
譯自：Free at last : the Sudbury Valley School
ISBN 978-626-7219-69-0(平裝)

1.CST: 瑟谷學校 (Sudbury Valley School)
2.CST: 教育 3.CST: 自主學習

520.952　　112016523

廣　告　回　函
北區郵政管理局登記證
北 台 字 第 10158 號
郵資已付　免貼郵票

104 台北市中山區民生東路二段 141 號 5 樓

城邦文化事業股份有限公司
橡樹林出版事業部　收

請沿虛線剪下對折裝訂寄回，謝謝！

橡|樹|林

書名：用「自主學習」來翻轉教育！　書號：JP0108X

橡樹林文化
讀者回函卡

感謝您對橡樹林出版社之支持，請將您的建議提供給我們參考與改進；請別忘了給我們一些鼓勵，我們會更加努力，出版好書與您結緣。

姓名：＿＿＿＿＿＿＿＿ □女 □男 生日：西元＿＿＿＿＿年

Email：＿＿＿＿＿＿＿＿＿＿＿＿＿＿＿＿＿＿＿＿

● 您從何處知道此書？

□書店 □書訊 □書評 □報紙 □廣播 □網路 □廣告 DM

□親友介紹 □橡樹林電子報 □其他＿＿＿＿＿＿

● 您以何種方式購買本書？

□誠品書店 □誠品網路書店 □金石堂書店 □金石堂網路書店

□博客來網路書店 □其他＿＿＿＿＿＿

● 您希望我們未來出版哪一種主題的書？（可複選）

□佛法生活應用 □教理 □實修法門介紹 □大師開示 □大師傳記

□佛教圖解百科 □其他＿＿＿＿＿＿

● 您對本書的建議：

＿＿＿＿＿＿＿＿＿＿＿＿＿＿＿＿＿＿＿＿

＿＿＿＿＿＿＿＿＿＿＿＿＿＿＿＿＿＿＿＿

＿＿＿＿＿＿＿＿＿＿＿＿＿＿＿＿＿＿＿＿

非常感謝您提供基本資料，基於行銷及客戶管理或其他合於營業登記項目或章程所定業務需要之目的，家庭傳媒集團（即英屬蓋曼群商家庭傳媒股份有限公司城邦分公司、城邦文化事業股份有限公司、書虫股份有限公司、墨刻出版股份有限公司、城邦原創股份有限公司）於本集團之營運期間及地區內，將不定期以 MAIL 訊息發送方式，利用您的個人資料於提供讀者產品相關之消費與活動訊息，如您有依照個資法第三條或其他需服務之務，得致電本公司客服。

我已經完全瞭解左述內容，並同意本人資料依上述範圍內使用。

＿＿＿＿＿＿＿＿＿＿（簽名）

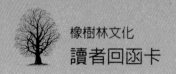